Hildegund Fischle-Carl
Ich und das Kind, das ich war

Hildegund Fischle-Carl

Ich und das Kind,
das ich war

Lebensfreude durch Befreiung

Herder   Freiburg · Basel · Wien

Umschlaggrafik: Dieter Asmus, Frau mit Puppe
© VG-Bild, Bonn 1991

Alle Rechte vorbehalten – Printed in Germany
© Verlag Herder Freiburg im Breisgau 1991
ISBN 3-451-22430-5
Satz: Typobauer, Ostfildern
Druck und Bindung: J. Ebner Ulm

Inhalt

Erkennen, was nicht offen liegt

*E*s ist oft formuliert und nie ernsthaft bezweifelt oder widerlegt worden, daß im Menschen verborgen in der Tiefe seiner unbewußten Psyche Verhaltensweisen und Dispositionen zu Reaktionen verborgen sind, die zur psychischen Ausstattung der frühen menschlichen Vorläufer gehörten und auch deren Leben bestimmten. Das Schlimme an dieser Tatsache ist, daß in bestimmten Konstellationen solche Atavismen auslösbar und mehr oder weniger intensiv aktivierbar sind. Von der Stabilität einer Persönlichkeit und von der qualitativen Kultiviertheit und den damit verbundenen steuernden Potenzen hängt es dann ab, wieweit Rückgriffe auf Primitivismen bis hin zum raubtierhaften Verhalten den Menschen überfluten und ihn entpersönlichen. Die Fähigkeit zu dem, was wir Menschlichkeit nennen, hängt proportional vom Grad der Kultiviertheit eines Menschen ab.

Von Napoleon, der sich zwar nicht immer klug verhielt, jedoch intelligent war, wurde ein solcher Ausbruch ins Chaotische und in die reine Destruktion festgehalten. Er war wütend und zutiefst aufgebracht gegenüber Talleyrand, der es gewagt hatte, mit Napoleons Meinung nicht übereinzustimmen. Napoleon wußte aufgrund seiner eigenen Verstandeskräfte genau, daß Talleyrand ein erfahrener und kluger Politiker war, den er eben gerade darum in seinen Diensten wünschte. Als Talleyrand an den zentralen, neurotischen Punkt von Napoleon rührte, nämlich an seine Maßlosigkeiten und seinen Mangel, klug mit den Realitäten umzugehen, wurde die ganze Wucht seiner atavistischen Verhaltensweisen voll sichtbar. Napoleon spuckte die primitivsten Gehässigkeiten aus, die man sich nur vorstellen könnte als Aussagen eines unkultivierten Menschen im Vollrausch. Der damit verbundene Abbau von Steuerung und Kontrolle zeigt die affektive Überflutung durch Primitivismen, wie sie Napoleon wesenseigen waren. Seine jeglicher Zügelung trotzende Maßlosigkeit und Gier trieben ihn in den Untergang, unberührt von klugen Appellen klarsehender Politiker und ohne Einsichten aus Erfahrungen und Realitätssinn.

Napoleon ist ein gutes Beispiel dafür, wie auch bei guter Intelligenz, trotz klarer Bemühungen aus der Umwelt und auch entgegen von Erfahrungen, die Lernfähigkeit und Einsichtsfähigkeit gestört wird und Primitivismen sich rigoros, ungehemmt durch Leid von andern durchsetzen. Die Schicht der in uns Heutigen entwickelten Zivilisation und Kultivierung ist dünn und bei den allermeisten unter uns wenig stabil. Keiner kann ganz sicher sein, unter extremen Umständen von Atavismen partiell oder total ergriffen und überschwemmt zu werden. Dabei muß es sich nicht um eine existentielle Bedrohung handeln. Schon viel früher, etwa bei vermeintlich bedrohten und als wichtig erlebten Teilbereichen kann ein Mord ausgelöst werden. Manche werden leicht von blinden Affekten überrannt und handeln dann ohne Kontrolle, ohne Ich-Funktion und damit im Grunde entmenschlicht. Wie leicht gehen viele im Rausch dazu über, unsinnige Aggressivität und Zerstörungshandlungen auszuleben.

Bei Menschen mit Neigungen zu affektiver Überschwemmung ist zu beobachten, daß sie von der Kindheit her schon von Ohnmachtserlebnissen, Überwältigungserfahrungen und von Demütigungen geprägt sind, über die sie nicht hinauswachsen konnten. Das bedeutet, daß im entscheidenden Augenblick das verletzte Kind in ihnen die Reaktion in Gang bringt und nicht der inzwischen erwachsene Mensch. Kinder können den gefährlichen anderen dann glücklicherweise nicht umbringen, und es bleibt ihnen nur die Phantasie und der Wunsch der Beseitigung des Angreifers. Wenn aber das ohnmächtige Kind im Erwachsenen wiederbelebt wird und keine erwachsene Reaktion und Bewältigungsform zur Verfügung stehen, kommt es zu Kurzschlußhandlungen. Ein italienischer Hochschulprofessor wurde bei einer Autofahrt von einem anderen Fahrer in Bedrängnis gebracht und stark gefährdet. Dies erregte den Betroffenen so sehr, daß er den andern Fahrer verfolgte und beim nächsten Halt an einer Tankstelle wortlos niederschoß. Hier geht es um Affektstau und die Unfähigkeit damit umzugehen. Vermutlich waren Ohnmachtserlebnisse und tiefe Bedrückung durch Ausgeliefertsein reaktiviert worden.

Im folgenden Beispiel geht es um Demütigungen, um Entwertung zum Nichts-Sein und die damit ausgelöste Angst, die zum Kurzschluß führte. Herr L. hatte mit dem Geld seiner Schwiegermutter, einer Witwe in bescheidenen Verhältnissen, ein Geschäft zu tätigen. Als er bemerkte, daß sein Geschäftspartner ihn betrügen wollte und unter Umständen das ganze Geld verloren sein könnte, kaufte er sich eine Pistole, um den andern niederzuschießen. Es war für diesen damals noch jungen Menschen unerträglich, in der Familie seiner geliebten Frau sein Gesicht zu verlieren und in einer ehrbaren Familie als betrogener Dummkopf dazustehen. Der Betrüger nahm die Bedrohung zurecht ernst und erkannte die Entschlossenheit des andern, was dazu führte, daß die Angelegenheit bereinigt wurde. Besonders schlimm und gefährlich wird es jedoch dann, wenn atavistische Verhaltensweisen mit Raffinesse und systematisch eingesetzt werden, um ebenso raubtierhaft unkontrollierte Ansprüche und Vorteile für sich herauszuschlagen. In solchen Fällen wird besonders deutlich, wie Mangel an steuernden Kräften in die Kriminalität führt. Während früher die Räuber und Wegelagerer eine Bedrohung waren, treffen wir heute die Betrüger im guten Anzug und flotten Auto. Es handelt sich dabei auch nicht um Notlagen und Elend, die bewältigt werden müssen, vielmehr um krebsartige Wucherungen der Psyche. Es sind Entartungen und Verhaltensdefekte, die einer Fixierung auf einer Entwicklungsstufe entsprechen, wo menschliche Sozialisierung noch nicht stattgefunden hat. Dabei geht es um Atavismen aus dem vormenschlichen Bereich, da mit List und Raffinesse das Tier erbeutet werden mußte. Wo es sich um menschliche Gruppen handelte, wurde diese Methode aber nicht auf die eigenen Mitlebenden angewandt. Bei solch rudimentärer Form des Menschseins war auch nicht die Fähigkeit entwickelt, das eigene Handeln zu beurteilen. Die mit Mafia-Methoden Hochgekommenen lassen sich völlig unkritisch als Erfolgreiche feiern. Wir müssen darum in unserer Zeit neu lernen, danach zu fragen, wie jemand zu seinen sichtbaren Erfolgen gekommen ist, um damit die Anonymität der Gaunereien zu entlarven.

Beim Betrüger werden Verhaltensweisen aktualisiert, die jenseits der normalen Entwicklung liegen, Atavismen, die ihn dem Raubtier ähnlicher erscheinen lassen als dem Menschen. Ich habe beobachtet, in welchem Selbstbetrug und in was für großaufgeblähten Erfolgslügen die Halunken leben und damit unerreichbar bleiben für Schamgefühle und das Erlebnis von Un-Wertem. Sie sind darum nicht entwicklungsfähig und auch nicht therapierbar, denn beides ist aufs engste verbunden.

Herr S. betrog einen jungen Mann und erweckte dessen Vertrauen dadurch, daß er ihm in Worten und vorgezeigtem Unterlagenmaterial vorgab, ein Helfer zu sein, der einen Nachfolger zu seiner Entlastung aufbauen will. Wie sich später herausstellte, fehlte diesem Mann völlig die Einsicht über das Verwerfliche seines Tuns, den jungen Menschen in Schulden zu treiben und ihm durch Nichteinhaltung des raffinierten Vertrages viel Geld abzunehmen. Das Heimtückische und Betrügerische seines Vorgehens, um seine Geldgier zu befriedigen, interpretierte er für sich selbst als Geschäftstüchtigkeit. Seine psychischen Defekte und Verkrüppelungen wurden mit positiven Vorzeichen versehen. Unverwüstliche, unrealistische Selbsteinschätzung und ein unangemessenes Maß an Eigenliebe sind ein weiteres Merkmal dieser Art von Gestörten. Sie leiden nicht unter ihren Defekten und der Destruktion, die sie in der Welt anrichten. In ihrer pathologischen Selbstherrlichkeit bleiben sie Gauner, auch wenn sie sich aus Klugheit menschlich gebärden oder gar sozial engagieren.

Leiden und Erkennen spielen die entscheidende Rolle in der Entwicklung zu menschlichen Maßstäben und dem dazugehörenden Verhalten. Das Wiederauftauchen überwundener und ins Unbewußte versunkener Verhaltensmechanismen ist besonders in Zeiten des Umbruchs und bei Auflösungserscheinungen von bisher richtungsweisenden kulturellen Werten zu beobachten. Dies trifft für unsere Zeit in vollem Maße zu. Es war schon in der französischen Revolution so, daß kluge Menschen feststellten, was geschehen war. Über die Literaten war die Hinführung zu revolutionären Prozessen von lange her vorbereitet worden. Die Intellektuellen zogen kräftig mit, und alle wollten den Abbau von lebensbehindernden Vorurteilen und überholten, erstarrten Normgebungen erreichen. Was daraus wurde, wissen wir. Es kam nicht nur zu einem schrecklichen Blutbad und grauenvollen Schlächtereien. Bei der sinnvollen Überwindung von Vorurteilen blieb es nicht, vielmehr wurde alles, was in der Kultur verankert war und den Menschen daran hindern sollte, in Narrenfreiheit ein Chaos zu schaffen, verworfen.

Es fehlte die Unterscheidungsfähigkeit, wie dies in Zeiten von Massenbewegungen üblich ist. Man erkannte die damalige katholische Kirche als Mitspielerin in den politischen Machenschaften und Ausbeutereien des Volkes und lehnte dies zu Recht ab. Dabei wurden jedoch viele zu Atheisten und suchten nicht Lösungen in lebendiger Gläubigkeit und Humanität. Die alten Mächtigen wurden zur Guillotine geschleppt, die neuen Machtgierigen rückten nach. Was nach Revolutionen an Errungenschaft bleibt, ist immer ein klägliches Minimum von dem, was auf die Fahnen geschrieben war und zur Ideologisierung beigetragen hat. Die geringe Fähigkeit des Menschen, aus der Geschichte zu lernen, die vielen Wiederholungen von fehlgeleiteten Reaktionen und Prozessen machen uns deutlich, wie wenig selbst in den entscheidenden, mit großen Auswirkungen versehenen Abläufen von der menschlichen Ratio, von Vernunft und Bewußtsein getragen ist. Dahinter melden sich immer wieder und in den raffiniertesten Verkleidungen Impulse und Affekte aus den Tiefenschichten. Sie zu erkennen und mit ihnen umgehen zu lernen, ist die Aufgabe einer Zeit, deren Jahrhundert von der Psychologie in großem Ausmaß mitgeprägt wurde.

Wie alle großen Veränderungen, vollzieht sich der Anfang in uns selbst, in jedem einzelnen und im Wach- und Bewußtwerden von Gruppen, die das Thema lebendig erhalten. Eine Sensibilisierung gegenüber Atavismen und den dazu gehörenden Maßlosigkeiten, die dem Lebensprinzip der Maßfindung in Dualismen zuwiderlaufen, gehören hierzu. Das Realitätsprinzip und der Mut zur Wahrheitsfindung sind hier gefragt, wobei der Klarsichtige einmal als Extremist im progressiven Lager, ein andermal als Reaktionär mißverstanden werden kann.

Um Menschliches in seinen Abläufen und Niederschlägen zu verstehen, bedarf es der Selbsterkenntnis, nicht nur an der Oberfläche, sondern über all das, was in unserer eigenen Tiefe ruht. Von zurückgelassenen Entwicklungsstufen tauchen Verhaltensmechanismen und Bedürfnisansprüche unter bestimmten Konstellationen wieder auf.

Herr M. liebt es, unter Alkohol sich in den Mittelpunkt zu stellen und dann mit Übertreibungen und halbwahren Geschichten das Feld zu beherrschen. Herr P. muß immer wieder seine Überlegenheit ausspielen, wenn er in der Position des Stärkeren ist, als Chef, als Familienvater und als Partner. Frau R. vollzieht ähnliches, indem sie von ihren Beziehungen zu Männern und damit verbundenen Hochstilisierungen ihrer Person berichtet, während Frau St. ihren ganzen Machtanspruch und ihre Suche nach Aufwertungspotenzen über ihre Kinder vornimmt. Die Vielfalt der Variationen ist unbegrenzt. Hier wurden nur einige der alltäglich zu beobachtenden, leicht durchschaubaren Abläufe angesprochen, jene aus dem Bereich der frühkindlichen Omnipotenzphase mit den damit verbundenen unkritischen Potenzbedürfnissen, die im Hochtitulierten und sichtbar Arrivierten genauso wirksam sind wie im ganz einfachen Menschen. Es ist die in uns allen wirksame Suche nach Selbstwert, die sich in vielen Irrwegen verliert, wenn nicht Teilhabe und Zuordnung zu echten Werterlebnissen gelingt. Dann erfolgen die Rückgriffe auf die Verhaltensabläufe der frühkindlichen Phasen, wird das unentwickelte Kind in uns bestimmend.

Herr L. träumte, daß er mit einem Kind am Steuer fährt. Er sitzt auf dem Nebensitz und wird sich bewußt, daß dies nicht ungefährlich ist. Das Kind, ein Bübchen von etwa vier Jahren, kann kaum über das Steuer hinaussehen und hat keinerlei Übersicht über die Straße. Monate später träumt dieser Mann wieder von einer Autofahrt. Nun sitzt er selbst am Steuer, hat jedoch ein zu kleines Steuerrad, und es ist nicht einfach, damit zurecht zu kommen. Ein Junge von ungefähr 7 Jahren sitzt neben ihm. Er lenkt den Fahrer ab durch kindliche Faxen und bringt beide in Gefahr. Das Kind ist nun also sieben Jahre alt, d.h. in der Phase der Schulreife, besonderer Lernfähigkeit und vor allem mit dem neuen Weltbild des schulreifen Kindes, nämlich dem Wunsch, die reale Welt als Wirklichkeit zu erfahren. In einer späteren Phase der analystischen Arbeit zeigt ein neues Traumbild, was sich inzwischen intrapsychisch gestaltet hat. »Ich fahre eine schwierige Strecke in meinem Auto. Neben mir auf dem Beifahrersitz ist ein Mann, der ein wenig älter ist als ich. Er wirkt sehr sympathisch, und ich habe Vertrauen zu ihm, obwohl ich ihn nicht kenne. Bei schwierigen Wegkreuzungen gibt er kleine Hinweise, wo es lang geht. Ich habe das Gefühl, er weiß Bescheid, fahre darum immer ruhiger und sicherer.« Dieser siebenunddreißigjährige Mann ist nun nicht mehr von seinen Verhaltensweisen aus der Kindheit gelenkt und irritiert. Er ist selbst am Steuer und hat neben sich den etwas reiferen, wissenderen Partner, der ihm Hinweise gibt. Er ist ein Teil seiner Persönlichkeit, auf die er zulebt, der Entwurf und innere Helfer zu seiner nächsten Stufe. In der Zeitspanne vom zuerst erwähnten bis zu dem zuletzt zitierten Traum hat sich viel intrapsychisch ereignet, was natürlich in seinem Leben und seiner äußeren Wirklichkeit sich entscheidend niedergeschlagen hat. Aus dem launischen, instabilen und von Unruhe geplagten Mann auf der steten Jagd nach der Erfüllung kindlicher Ansprüche, außengelenkter Bestätigungen und oft zerstörerischen Aktivitäten war er zum verläßlichen Partner geworden in allen seinen Lebensbereichen. »Früher wollte ich immer zeigen, wer ich bin. Aber ich war nicht viel . . . Jetzt muß ich nichts mehr vorzeigen. Ich weiß nun, daß ich mit mir auf dem richtigen Weg bin. Die andern merken es auch. Mein Chef übergibt mir Aufgaben, die er mir früher nie zugetraut hätte . . .«. Nicht sein Wissen und Können hatte sich vermehrt, sondern die stabile Basis seiner Persönlichkeit, seine intrapsychischen Potenzen. Er war nun mehr, und darum konnte man ihm guten Gewissens mehr anvertrauen. Wir vergessen immer wieder, daß Können als Funktion allein zu wenig ist. Seine volle Entfaltung und Wirksamkeit erreicht es durch die Verbindung mit dem Menschlichen in einer Persönlichkeit.

Damit die stabilisierenden und gesunden Ich-Kräfte sich entwickeln, um zum eigenen Wert hinzufinden, bedürfen wir als Kind der Förderung durch den andern und vor allem des Schutzes vor zerstörenden, destruierenden Einflüssen. Hierzu gehört alles, was den Selbstwert eines werdenden Menschen in Frage stellt. Ob dies sich nun so darstellt, daß das Kind verdummt und sein Nichtwissen ausgenützt wird, ob man über es lacht oder witzelt, eben in

irgendeiner Form ihm kundtut, daß es keinen Wert darstellt, der Effekt ist immer derselbe. Uns heutigen Vielwis-
sern ist manche Differenzierung und Gefühlssensibilität
abhanden gekommen. Vergessen wir nicht, daß die Winne-
bago, ein Indianerstamm, ihr zwei Jahre altes Kind fragen,
ob die zu klein gewordenen Mokassin dem Händler verkauft werden dürfen. Völker, die jagen und noch nicht das
Stadium der Seßhaftigkeit erreicht haben, sind jedoch solch
gute Menschenkenner, daß sie klar begründen können,
warum sie z.B. ihre Kinder nicht schlagen: Sie werden
sonst ängstlich und feige. Zum Kampf taugen sie dann
nicht. Bei solcher Klugheit werden dann Wege gefunden,
ein Kind in die strengen Regeln des kleinen Kollektivs
einzubinden, daß es in dem sozialen Gefüge mitleben
kann. Dies ist nicht nur für die andern, sondern vor allem
auch für den Heranwachsenden von größter Bedeutung,
nämlich dazu zu gehören und eingebettet zu sein in einer
tragenden Gruppe. Es ist des Nachdenkens wert, die
Gründe zu untersuchen, die hinter den allgemein in der
Welt sich vollziehenden neuen Aufbrüchen von National-
gefühl und dem Wunsch nach Zugehörigkeit und Identität
stehen. Dies ist nicht im Sinne eines Rückschritts zu werten, denn die Entwicklung zu großen Zusammenschlüssen
für die schwierig zu lösenden weltweiten Probleme ist nicht
aufzuhalten und wird auch von Sachzwängen angetrieben.
Daß dabei aber der Mensch in seinen Grundbedürfnissen
nicht übergangen werden darf und entsprechende Wege
noch gefunden werden müssen, sollte uns eine Lehre sein.
Es ist ein Irrtum, wenn viele heute glauben, es gehe doch
nur um den Abbau von Vorurteilen. Es geht um viel mehr,
nämlich um das Finden von Werten, die Identität schaffen
und Sinngebung. Im Vollzug solcher Abläufe bauen sich
dann Vorurteile viel leichter ab.

Es ist mir sehr in Erinnerung geblieben, was mir ein
kleiner, ungefähr zehn Jahre alter Junge im hintersten Win-
kel von Kleinasien deutlich machte. Ich kaufte in seinem

Krämerladen irgendeine Kleinigkeit. Als ich bezahlt hatte, sah er mich an, richtete sich auf, wurde um einige Zentimeter größer und sagte strahlend: »Papa Kurd«, was heißen sollte, daß sein Vater ein Kurde sei. Es genügte ihm nicht, sich mit seinem Vater, der ein ganz ansehliches Geschäft hatte, zu identifizieren. Er brauchte eine größere Gruppe, zu der sie beide dazugehörten und die ihm etwas verkörperte, das ihm achtenswert erschien. Nicht nur der kleine, hübsche und stolze Kurdenjunge hat als Grundanliegen die Zugehörigkeit. Das haben alle Kinder unserer Spezies, und es ist noch im Erwachsenen erhalten, wenn auch nicht immer sichtbar. Es vollzieht sich ein fortwährendes Wechselspiel: Wir brauchen das Erlebnis des Geliebtwerdens und gleichermaßen die Erfahrung, jemanden zu lieben, in der Liebesfähigkeit aktiv zu sein. In andern Worten ausgedrückt heißt dies: Zur Menschwerdung bedarf es der Befriedigung, sich selbst als einen vom andern anerkannten Wert zu erleben, und zugleich benötigen wir, wie die Erfahrung, im geliebten andern Werte zu finden, die uns beglücken und unsere eigene Wertskala aufbauen.

Im Umgang mit andern spielt darum eine große Rolle, was wir ihnen als Wert zugestehen und von unserer Seite an Zuneigung und Wertschätzung entgegenbringen. Dabei ist aber auch wichtig, was wir dem andern als Möglichkeit bieten, uns als Wertträger aufzunehmen und seinerseits von ihm entsprechende Zuneigung zu erhalten. Wertloses wird bekanntlich nicht geliebt. Wer geliebt werden will, darf darum den andern nicht verletzen, demütigen, kurz ihn als wert-los behandeln. Aus analytischer und tiefenpsychologischer Arbeit wissen wir heute, daß nicht nur besonders schreckliche und belastende Erlebnisse traumatisieren. Enttäuschungen, Entwertungserlebnisse, Blamagen im Sinne von gedemütigt, lächerlich gemacht, verdummt oder übergangen werden, sind auch als traumatisch zu betrachten. Jegliche Form von Ab-wertung verhindert eine gesunde Entwicklung zu einem Selbstwert, der nicht ständiger Bemühungen um Beachtetwerden und Geschätztwerden bedarf.

Wenn wir uns in die Geschichte und speziell in die Lebensläufe historischer Persönlichkeiten vertiefen, sehen wir bei der Mehrzahl ein Verhalten im politischen Bereich, wie es der Untertan oder Bürger im kleinen Rahmen seines Lebens und auf seine Weise abgestimmt führt. Auch in den obersten Schichten herrscht menschlich damals wie heute dieselbe psychische Agitation wie bei dem sogenannten einfachen Menschen, der nur ein kleineres Terrain hat und damit einen kleineren und mehr im Persönlichen sich vollziehenden Spielraum. Es gibt nichts, was sich nicht bei denen, die oben waren oder sind wiederfindet, was bei denen, die unten sind, auch anzutreffen ist. Dies gilt heute wie im Rückblick der Geschichte. Es ist darum gut zu wissen, daß nur der äußere Rahmen trennt. Damit könnten viele Projektionen abgebaut werden und mehr Wirklichkeitssicht entstehen.

Beim Rückblick in die früheren Jahrhunderte ist erstaunlich festzustellen, daß die Liebe zum eigenen Kind und die Pflegeinstinkte der eigenen Nachkommenschaft gegenüber speziell auch bei der Oberschicht völlig unterentwickelt waren. Kinder von Fürsten, Herzögen, Prinzen wurden irgendeiner Amme oder einem Bediensteten übergeben, so wie man Haustiere zur Aufzucht übergibt. Eine Förderung erfolgte erst dann, wenn die Zeit gekommen war, da durch entsprechende Schulung und Ausbildung das Standesgemäße zu vermitteln war. Dann kamen diese Kinder in irgendeine Ausbildungsstätte, in denen ihnen Wissen vermittelt und zeitübliches Benehmen beigebracht wurden. Auch dort mußten diese jungen Menschen ohne die Wärme der persönlichen Beziehungen zu Eltern oder Elternersatzfiguren leben. Viele sahen ihre Eltern nicht oft in ihrer Kindheit und Jugend. Die Regel war, daß sie in Beziehungsarmut groß wurden, was bei einer großen Zahl auch zu später nicht auszugleichender Beziehungslosigkeit und Unverbindlichkeit in den menschlichen Belangen führte. Die Verbindung und innere Kontaktnahme zum Menschen war gering. Was sich dann in der zugeordneten Gesellschaftsschicht von Mensch zu Mensch vollzog, blieb an der Oberfläche. Das Nachholbedürfnis der einzelnen, das Auffüllen von defizitären Erlebnissen, die den eigenen Wert- und Machtbereich stärken sollten, war riesengroß. Macht im Sinne von Wert und Selbstgestaltungsmöglichkeit der oberen Gesellschaft und auch der Kirchenfürsten war das große Begehren, das zu den uns bekannten Exzessen und Maßlosigkeiten führte. Der andere Mensch wurde nicht wahrgenommen. Was historisch ablief, waren die Ergebnisse der Agitationen der Unersättlichen und zutiefst Unbefriedigten.

In unserem Jahrhundert begann über die Psychoanalyse die Erkenntnis über die Bedeutung der Kindheit. Dies führte zwar in manchen Bereichen zu Verunsicherungen und Verirrungen, jedoch hat sich im ganzen gesehen ein Aufbruch vollzogen. Kinder in allen Gesellschaftsschichten erhalten mehr Zuwendung und Beachtung, auch Bemühung, ihnen gerecht zu werden. Der große Beweis steht noch aus und kann sich erst in der Geschichte der nächsten ein- bis zweihundert Jahre vollziehen, der uns zeigt, daß Macht nicht nur das Spielfeld ist für Menschen, die den andern entmenschlichen, und die selbst keine persönlichen Bindungen erlebten, weshalb sie keine Bindungsfähigkeit und soziale Verantwortung entwickeln konnten. Es bleibt uns zu hoffen, daß ein Bewußtsein wächst für soziale Reife und Verantwortung für den Nächsten. Das christliche Ethos ist ohne eine solche Entwicklung ohne Wirksamkeit.

Wir müssen darum unterscheiden lernen, was die Motive sind, die uns dahinbringen, den andern etwas zu gewähren. Wenn die Oberschicht in früheren Jahrhunderten ihren Kindern eine gute Schulung und eine gute soziale Stellung mit entsprechender Pfründe zukommen ließ, war dies nicht Menschenfreundlichkeit oder Verantwortlichkeit für den andern. Eigenliebe und Selbstgefälligkeit bis über den eigenen Tod hinaus sollten befriedigt werden, indem der Nachkomme ihn und sein Haus würdig vertreten wird. Daß Kinder und Heranwachsende sich dem widersetzen und nicht im Dienst der Glorifizierung ihrer Vorfahren leben wollen, ist sehr verständlich.

Das Kind, das wir waren, ist in uns. Es meldet sich in unserem späteren Dasein um so häufiger und intensiver, je weniger es ins Erwachsenenverhalten hineinreifen und integriert werden konnte. Wir dürfen es nicht verleugnen und verdrängen, denn es wirkt in uns als unbewußte Wirklichkeit, d.h. es ist mit in unseren Verhaltensweisen, ohne daß wir uns dessen bewußt sind. Darum ist es hilfreich, mehr von uns selbst zu wissen, und zwar gerade von dem, was unsere Problemseite ist. »Ich habe gar nicht gewußt, daß ich mich immer darum an meinen Partner anklammern wollte, weil ich Ängste hatte. Ich hielt dies immer für meine große Liebesfähigkeit, mich selbst total aufzugeben. Heute weiß ich, daß es aus meiner Kindheit stammende, ungesättigte Wünsche nach Nähe und Wärme waren. Ich lernte meinem inneren Kind beizustehen und bin dann erst zu mir selbst gekommen.« Hier wurde von einer Gruppenteilnehmerin klar formuliert, daß erst über alle Fassadenkünste hinweg das gesichtet werden muß, was in uns west aus den früheren Entwicklungsstufen. Wissen allein hilft uns jedoch nicht, das Infantile in uns nachreifen zu lassen. Es bedarf der Zuwendung und des intensiven Gefühlserlebnisses, daß dies ein Teil von mir ist, der meiner Hilfe bedarf. In solch bewußter Annahme und Verbundenheit mit sich selbst kommt Entwicklungsgeschehen in Gang. Wir können nicht alles ins Heile bringen, aber unser Bemühen darum und die Auseinandersetzung mit dem, was uns daran hindert, verändert mit der Zeit unser Lebensgefühl zum Positiven hin.

Leiden und Erkennen spielen die entscheidende Rolle in

der Entwicklung zu menschlichen Maßstäben und Verhaltensnormen, wobei nicht nur an das eigene Leiden, sondern auch an das der andern zu denken ist. Das Wiederauftauchen überwundener, ins Unbewußte versunkener Verhaltensmechanismen aus früheren ganz normalen Reifungsabschnitten kann viele Probleme nach sich ziehen, nicht nur für den Betroffenen selbst, sondern auch für seine Mitmenschen. Infantile Fixierungen vermögen den Erwachsenen in solcher Weise zu prägen, daß er darüber gemeingefährlich werden kann. Dies geschieht dann, wenn durch Infantilitäten die soziale Reife verkrüppelt wurde. Wer z. B. Demütigungen kompensieren muß oder von seinen Omnipotenzbedürfnissen überschwemmt wird, ist viel mehr dazu verführt, um irgendeines Vorteiles willen unlautere Machenschaften zu vollbringen und, nehmen wir ein aktuelles Beispiel, Giftstoffe nicht zu entsorgen, sondern sie in krimineller Weise den andern zu überlassen.

In welcher Vielfalt und auf wievielen Gebieten solche Haltungen in unserer Zeit praktiziert werden, ist kaum vorstellbar für den Laien. Hier nur ein kleines Beispiel. Als für die Weinherstellung ein chemisches Zusatzmittel als sehr gesundheitsschädigend erkannt wurde, erfolgte ein Verbot dieser Substanz bei der Herstellung von Wein. Nachdem nach dieser Regelung dieses Mittel im bisher angewandten Bereich nicht mehr zu verwenden war, fanden geschäftstüchtige Leute sofort einen neuen, im Verbot nicht ausdrücklich erwähnten Absatzmarkt. Dieses chemische Mittel wurde nun bei der Herstellung von Fruchtsäften benützt. Damit war es in einen viel größeren Verbraucherkreis und in ein weit reichendes Feld der Schädigung gebracht. Ärzten und vor allem Kinderärzten fiel es auf, daß plötzlich bei Kindern aller Altersstufen Magenschleimhautentzündungen, sogar Magengeschwüre und Entzündungen der Speiseröhre auftraten, was es vorher bei Kindern überhaupt nicht gab! Es wurden auch Zusammenhänge zwischen gekauften Fruchtsäften und solchen Erkrankungen verfolgt und signifikante Zusammenhänge festgestellt. Die Ärzte fühlten sich aber nicht in der Lage, sich mit Industriegewaltigen anzulegen.

Bei den Zuständigen in der Industrie war infantiles Verhalten aktiviert: Was nicht ausdrücklich verboten wird, ist erlaubt. Die Verantwortung fürs eigene Tun wird umgangen, bzw. je infantiler wir sind, um so weniger fühlen wir uns zuständig für das, was wir tun und schon gar nicht für die andern. Über Folgen einer Handlung wird nicht nachgedacht. Erfolg und vermeintlicher Selbstwert werden aus Verkaufsstatistiken abgelesen. Das Menschliche wird von der Zahl abgelöst und schafft eine traurige Korrelation: Je mehr Kranke, um so größer der Geschäftserfolg. Infantile Komplicenschaft mit Gerissenheit und List führten über die Verdrängung der Tatsachen zu Zahlenerfolgsergebnissen.

Es ist darum an der Zeit, von solchen psychologischen Zusammenhängen zu schreiben und zu reden. Unsere Kinder essen mit der Schokolade und trinken mit dem Kakao das äußerst gefährliche, nicht abbaubare und darum in unserem Lebenskreis verbotene DDT. Verantwortungslose Geschäftemacher haben in ihrer Gewinngier DDT-haltige Stoffe in jene Länder exportiert, bei denen diese Gefahr noch nicht erkannt und gesetzlich auch nicht geregelt ist, weshalb dort Kaffee, Kakao und andere Lebensmittel damit behandelt werden. Wir bekommen diese Giftstoffe unsichtbar zurückgereicht. Bei solchen Geschehnissen haben wir es mit Handlungen von Menschen in hochgestellten Positionen zu tun. Es sollte uns nachdenklich stimmen, daß in unserer Gesellschaft Menschen leitende Stellungen innehaben, die unbehelligt und »mit gutem Gewissen« allgemeingefährlich werden können. Es geht darum, uns alle wach zu machen und zu sensibilisieren für Verhaltensweisen, die mit Infantilitäten und damit gekoppelt mit Entwicklungsverkrüppelungen im sozialen Bereich einhergehen. Rückfälle in frühkindliche Verhaltensweisen können in ihren Auswirkungen zur totalen Auflösung und zum Abbau dessen führen, was Menschen bisher aufgebaut und zuwege gebracht haben. Darum ist es an der Zeit, daß schon im Kindergarten, in der Schule und vor allem im Elternhaus Bewußtsein geschaffen wird für ein soziales Gewissen. Die bisherigen Erziehungsziele mit viel Stoffvermittlung und Wissensanhäufung ohne die ganz bewußte pädagogische Förderung der Erziehung zum sozialen Wesen hat uns Ergebnisse beschert, die uns in ihrer Fragwürdigkeit zum Umdenken zwingen.*

In diesem Buch werden die in der normalen Entwicklung zu durchlaufenden Phasen angesprochen und aufgezeigt, wie sie sich im Erwachsenen erhalten und entsprechende Verhaltensmodi reaktivieren können. Dies vollzieht sich um so leichter, wenn stabilisierende Fähigkeiten verloren gehen und dann als regulierende Kräfte und kulturschaffende Möglichkeiten nicht gefördert werden. Um das Kind, das wir waren, in uns selbst zu entdecken, helfen uns die Kinder um uns herum. Wir wollen versuchen, das Hintergründige und Verborgene in ihren Aussprüchen und ihrem Verhalten verstehen zu lernen, um die Bedeutung für uns Erwachsene zu erkennen, also um dem Kind in uns selbst und auch den Kindern um uns gerecht zu werden. Wer menschliches Verhalten zu entziffern weiß, dem öffnet sich ein neuer Horizont, der uns große Bereicherungen vermittelt.

---

* Vgl. H. Fischle-Carl. Was bin ich wert? Herderbücherei Band 1306.

Omnipotenzgefühle:
Scheingröße überwinden

Als Neugeborene und in den ersten Wochen und Monaten unseres Daseins leben wir ohne seelische Abgrenzung. Der körperlichen Abtrennung vom Mutterleib folgt nur langsam die Loslösung aus der seelischen Einheit mit der Mutter. Die innige und kein Bewußtsein benötigende Verbundenheit hält lange an und geht soweit, daß das Kind in dieser seelischen Befindlichkeit mit der Mutter korrespondiert. Viele Beobachtungen lassen dies erkennen. Frau M. erhielt einen Brief mit einer sehr schlechten und erregenden Nachricht. Sie hatte, ehe sie den Brief las, nach ihrem Baby gesehen, das tief und friedlich schlief. Danach setzte sie sich in einen Sessel, um in Ruhe ihre Post zu lesen. Die bedrückende Nachricht ließ sie weinen und erregte sie sehr. Nach wenigen Minuten schrie der Säugling im Nebenzimmer laut auf. Er wirkte sehr beunruhigt und war kaum zur Ruhe zu bringen.

Diese Zeit des totalen Verbundenseins von seiten des Kindes nennt man die Phase der Dualunion. Es ist das Einssein zu zweien. In dieser ich-losen Symbiose ist die Mutter darum »ein und alles«. Viele Erwachsene sind noch von der Sehnsucht geprägt nach der symbiotischen Einheit. Es ist der Wunsch nach Verschmelzung, Ichlosigkeit und partieller Selbstaufgabe mindestens für einen von den beiden. Untergehen und Einssein zu zweien ist für manche die Vorstellung von Glückseligkeit. Es ist die Regression in ganz frühe Erfahrungen oder frühe Mangelerlebnisse, Mangelerkenntnisse und Unbefriedigtheiten. Das Verlangen nach symbiotischer Nähe ist verschieden geprägt. Für den einen ist es die Forderung einer totalen Hingabe, die vom *anderen* vor allem gefordert wird und einer Besitzergreifung sehr nahekommt. Für manche ist Symbiose die Befreiung von der Aufgabe, ein eigenes Ich zu entwickeln, sich selbst zu bestehen und eigenes Leben zu gestalten. Die Wünsche nach Verschmelzungserlebnissen können zur Sucht ausarten. Solch maßlose Erwartungen an eine Partnerschaft und Ehe führen zwangsweise in Enttäuschung und zur Unfähigkeit, tragende Zweisamkeit im Sinne von Ich-und-Du-Begegnung aufzubauen. Das bedeutet, jeder muß Ich sein, um zu einem Du für den andern werden zu können. Nur dann gelingt es, sich liebend auseinanderzusetzen, sich gegenseitig zu fördern und auch zu beschützen.

Süchtige sind in ihrem Ziel nach Auflösung und vom Ich befreienden Erlebnissen wesentlich von dieser frühen Phase ihres Lebens her geprägt und in der lebensnotwendigen Weiterentwicklung gestört. Viele Eltern, vor allem Mütter, sind häufig bemüht, die Symbiose mit ihren Kindern möglichst auf Lebensdauer aufrecht zu erhalten. Mit der Zeit vertauschen sich dann die Rollen: Während ursprünglich das Baby auf die Mutter existentiell angewiesen war, hängen sich manche Mütter in solcher Weise an ihre Kinder, daß diese ihr einziger Lebensinhalt und Lebensgrund sind. Bei einer Ablösung fühlen sie sich existentiell bedroht und geraten in Panik.

Die erste Hinführung zum eigenen Erleben ist die Phase der Omnipotenz. Die reale Wahrnehmung kann noch nicht vollzogen werden. Die Erkenntnisfähigkeit ist kaum entwickelt. Damit sind die Grenzsetzungen zwischen dem kleinen Menschen und der Welt, zwischen Ich und Du und auch die Grenzen des eigenen Könnens noch nicht oder nur ganz wenig erfahrbar. Es ist die Zeit, in der ein Kind von dem Gefühl getragen ist: »Ich bin alles und ich kann alles«.

Peter hatte ein Stück beschriebenes Papier in der Hand und »las« mir vor: »Die Oma kommt mit dem Zug gefahren, weil sie uns besuchen will. Alle sind gesund.« Einen ähnlich lautenden Brief hatte seine Mutter abends dem

Vater vorgelesen. Peters Mutter meinte: »Wenn du erst groß bist und in die Schule gehst, dann kannst du mir richtig vorlesen...«. Peter sah seine Mutter mit großem Erstaunen an und antwortete: »Aber ich kann doch schon lesen.« Bei ihm ist alles noch unreal. Die Wirklichkeit ist nichts als seine Vorstellung, ungetrübt von eingrenzenden Erlebnissen und Erfahrungen. Diese vermögen noch nicht verarbeitet zu werden, weil die seelischen und geistigen Voraussetzungen fehlen.

Vincent hat eine um zwei Jahre ältere Schwester, die ihm viel erzählt. Er nimmt alles in seiner Weise und der seinen zwei Lebensjahren entsprechenden psychischen Verarbeitung auf und erzählt nun auch seine Geschichten. Als seine Tante ihn auf dem Arm hatte und ihn ins Bett bringen wollte, kamen die beiden am Fenster vorbei und sahen zusammen den Mond am nächtlichen Himmel. Vincent begann zu erzählen, einmal sei der Mond zu ihm ins Kinderzimmer hereingekommen. »Ja sowas...«, meinte die Tante. »Was hast du denn da gemacht?« »Hab' ihn puttgemacht«, war die mimisch überzeugend dargebrachte Antwort. Das Kaputtmachen ist hier nicht Zerstörungsbedürfnis, vielmehr die unreflektierte Form der Beseitigung dessen, was gefährlich sein oder ängstigen könnte. Es ist die Form der hilfreichen und gesunden Aggression, die in dieser Phase vermeintlicher Allmacht und Stärke von dem befreien soll, was noch nicht adäquat verarbeitet werden kann. Solche Vernichtungswünsche sind ganz schlicht Befreiungsbeschwörungen in bedrängenden Situationen. Wenn der Teddybär in der Dämmerung mit seinen Augen unheimlich erscheint, wird er einfach zum Fenster hinausgeworfen. Die bei Kindern und Jugendlichen, aber auch noch im Erwachsenen anzutreffenden Todeswünsche gegenüber bedrückenden oder gar bedrohenden Menschen liegen auf derselben Ebene. Solange man sich ohnmächtig erlebt und nicht in der Lage, sich zu befreien und sich selbst zu schützen, wird der andere fortgewünscht. Im

Grunde geht es dabei nicht um dessen Tod, vielmehr darum, ihn loszuhaben.

Während die vierjährige Schwester von Vincent sich schon mit vielem in der Welt realistischer abmüht und Gefährliches und ihr übermächtig Erscheinendes als bedrohend erkennt, vermag ihr kleiner Bruder in der Omnipotenzphase alles noch leicht zu lösen. Indem er seine Phantasien berichtet, vollzieht sich auch seelische Verarbeitung. Es ist darum für Kinder von großem Wert, daß ihnen jemand zuhört, das Gesagte aufnimmt, nicht abtut oder gar lächerlich macht und dies als »dummes Zeug« deklariert. Das Problem liegt eher auf der Seite der Erwachsenen, wenn sie die Antennen verloren haben für die Symbolsprache. Vincent erzählt mit großen Augen, daß eine Hexe und ein Räuber zu ihm und seiner Schwester ins Zimmer gekommen seien. Sein Ausdruck läßt erkennen, daß er wohl weiß, um was für gewichtige Personen es sich hier handelt. »Und was war dann ...«, fragte die Zuhörerin. »Wir haben sie puttgemacht!« »Wer hat sie denn puttgemacht?« Die Antwort war ein gedehntes *Ich!«* Und nach einer kurzen Pause folgte: »Ich die Hexe und Nike die Räuber.« Dabei ist zu beachten, daß Kinder schon früh aus ihrem Symbolverständnis heraus ahnen, daß eine Hexe der gefährlichere und potentere Gegner ist. Für Vincent war es in seinen Allmachtsgefühlen kein Problem, daß er und nicht die größere Schwester die Hexe erlegte.

Wie nachhaltig und problematisierend sich auch in unzähligen Erwachsenen solche Allmachtsvorstellungen erhalten, davon soll nun hier berichtet werden. Durch die Schutzmechanismen der Omnipotenzgefühle ist es überhaupt nur möglich, in der Kindheit zu bestehen und nicht erdrückt zu werden von der Fülle der Umwelt, die noch unverstanden und unerklärbar erlebt wird. Nur mit Hilfe solch stützender Hilfen können die ersten Schritte in die Realität gewagt und bestanden werden, denn das Rüstzeug zur Interpretation von Wahrnehmungen und Erfahrungen fehlt noch. Ohnmachtserlebnisse in der Kindheit sind trotzdem häufig genug und müssen mit einem schwachen, verletzbaren und unerfahrenen Ich bestanden werden. Die Omnipotenz der frühen Kindheit ist darum eine biologisch sinnvolle Hilfe für die langsam sich vollziehende seelische und geistige Entwicklung des Menschen und darum als eine seelische Schutzzone zu betrachten. Brutale Erlebnisse in dieser frühen Zeit führen zu Erfahrungen existentieller Bedrohung und damit zu Traumen, die unter Umständen eine gesunde Entwicklung von Ichfunktionen und Selbstwert mehr oder weniger behindern.

Es ist durch die Schutzmechanismen der Omnipotenzgefühle dem Kind überhaupt nur möglich zu bestehen und nicht von der Fülle der unverstandenen und unerklärbaren Weltbegegnung erdrückt zu werden. Mit Hilfe solch stützender Eingrenzungen können die ersten Schritte auf die Welt und den andern Menschen zu gewagt werden. Das Rüstzeug zur Interpretation der Wahrnehmungen und Erfahrungen wächst unter diesem Schutz, der auch von den umgebenden Erwachsenen mitgetragen werden muß. Ohnmachtserlebnisse und Erfahrungen hilflosen Ausgeliefertseins werden dadurch begrenzt und nicht zum Schwerpunkt kindhaften In-der-Welt-Seins.

Wer auf dieser Entwicklungsstufe der kompensierenden Allmachtsbedürfnisse und Omnipotenzgefühle fixiert bleibt, wirkt hypertroph. Im Zusammensein mit solchen Menschen ist zu beobachten, daß sie möglichst alle andern zu ihren Hilfspersonen machen wollen. Das Verlangen nach Bestätigung und Bewunderung ist unersättlich und nicht zu befriedigen. In unserem Kulturkreis gibt es mehr Männer als Frauen mit dem inneren Anspruch infantiler, unreflektierter Selbstherrlichkeit. Dies hängt damit zusammen, daß Mädchen von kleinauf als weibliches Wesen auf ihre Rolle hin so erzogen werden, früh zu erfahren, daß sie die Schwächeren sind, die vieles nicht dürfen. Jungen können sich darum leichter und länger Eigenmachtsphantasien hingeben. Ihre Identifikation mit den Vätern, die in den meisten Familien noch eine Vorrangstellung haben, erleichtert dies. Der Vater ist im allgemeinen größer als die Mutter, hat mehr körperliche Kräfte. Um spezifisch weibliche Fähigkeiten und Potenzen zu erfassen, bedarf es einer seelisch-geistigen Differenzierung, weil Frauen in unserem Kulturkreis keine obligatorische Vorrangstellung haben.

Es gibt Menschen, die im Bemühen um die Erhaltung ihrer hypertrophen Allmachtsbedürfnisse nur solche Mitmenschen um sich haben wollen und ertragen, die mit ihnen in allem übereinstimmen, ihnen recht geben. Wer von den eigenen Meinungen, Vorstellungen und Wünschen abweicht, ist ein potentieller Feind, denn er könnte an der Überlegenheit rütteln.

Man umgibt sich dann mit Freunden und Bekannten, die uns in irgendeiner Weise bestätigen und uns Selbstbeweihräucherung ermöglichen. Hierher gehören die ewigen Rechthaber, die nicht mehr gefördert werden und lebendig offen sein können für Neues, weil sie keinen Irrtum zugeben können. Sie sind für andere mehr als nur lästig und haben in ihrer Selbstherrlichkeit und Aufgeblasenheit von den andern ein großes Maß an Toleranz und Fähigkeit im Ertragen nötig, wobei ihnen das Feingefühl fehlt, das zu größerem Bewußtsein gehört. Während sie andere erdrücken und in ihren Ansprüchen gefräßig sind wie ein junger Kuckuck im Nest von Rotkehlchen, leben sie in völligem Mangel an Selbstkritik und Selbsterkenntnis. »Seit ich das Allmachtsgehabe meines Chefs durchschaut habe, weiß ich, was er eigentlich ist, nämlich einer, der sich immer wieder infantil aufspielen muß. Im Grund ist er schwach. Nun weiß ich, daß ich in meinen Bereichen weiter bin als er. Ich kann ihn nun viel leichter ertragen und mit ihm umgehen, während ich bisher immer die Haare gesträubt habe, wenn er nur sichtbar wurde ...«. »Die Kinder und ich fühlten sich nicht wohl, wenn mein Mann nach Hause kam. In seiner Art, sich als Boß aufzuspielen, alles besser zu wissen und nie auf einen andern einzugehen, wurde er uns immer unsympathischer. Es war mir zuwider, mit ihm zu schlafen und ich bekam Kopfschmerzen, wenn er mich umarmen wollte. Wir entzogen uns alle seiner Nähe. Er fand aber alle Ursachen hierzu nur bei den andern. Nie hat er gelernt, über sich selbst nachzudenken.« Dies berichtete Frau Sch. in der Gruppe, die ihr half, ihren Mann in seiner Infantilität zu sehen, in seiner tatsächlichen Schwäche und Unentwickeltheit. Er war keineswegs der vermeintliche Vaterersatz, dem sie zunächst Achtung und Unterlegenheitsgefühle entgegenbrachte. Diese Frau lernte rasch, ihre eigenen Werte zu schätzen und sich von Abhängigkeit zu lösen. Sie erkannte in sich selbst ihr Kind, das jemanden zum Bewundern brauchte, zum Identifizieren und Anlehnen. Darum hatte sie die von ihrem Partner vorgespielte Allwissenheit und Scheinstärke beeindruckt und sie verliebt werden lassen. Sie suchte beim andern, was sie in sich selbst nicht an Sicherheit und Stärke aufzubauen vermocht hatte. Frau Sch. fand aus ihrer Enttäuschung heraus, indem sie selbst erwachsen wurde. Ihr Mann spürte sehr bald die größere Selbständigkeit und Freiheit seiner Frau und war immer entschiedener gegen die Fortsetzung der Gruppenarbeit. Je mehr Frau Sch. aus ihrer eigenen Psyche leben konnte, um so kreativer wurde sie und fand Möglichkeiten ihres Lebens, die ihr bisher verschlossen waren. Ich erlebe oft, daß Menschen dann erst ihre Begabungen und damit verbundene Chancen erkennen und ergreifen lernen. Wer ein eigenes, gesundes Selbstwertgefühl besitzt, an dem prallen die Omnipotenzmanipulationen von andern ab und der scheinbar Allmächtige fällt ins Leere. Auch Herr Sch. wurde ohne viel Streitereien und Diskussionen verunsichert und vorsichtiger. »Wir konnten früher machen, was wir wollten, und ernteten stets Kritik, die Kinder wie auch ich selbst. Das war verletzend und deprimierend. Inzwischen hat sich dies total geändert. Wir durchschauen die Motive solcher Kritiksüchtigkeit und auch das damit verbundene Unrechttun. Wir nehmen meinen Mann ganz einfach nicht mehr ernst, wenn er auf seinem Allmachtsgeleise fährt. Niemand von uns ist davon mehr berührt oder verletzbar. Alle sehen klar, daß er der Gestörte ist. Gestern fand er wieder einmal das Gemüse versalzen und das Fleisch zu hart. Wir meinten nur ganz beiläufig: ›uns schmeckt's‹. Seine Negativismen kommen nicht mehr an, und wir sind nun oft fröhlich untereinander.« Als er wie schon oft einen Rundumschlag ausführte und über einige Bekannte abwertend sprach, meinte in aller Ruhe der Vierzehnjährige: »Klar ... alle Leute sind blöd ...« und ging aus dem Zimmer, um unsinnige Diskussionen zu vermeiden. Und Frau Sch. fügte nur hinzu: »Ein Glück, daß du so gescheit bist.« Sie verließ auch das Zimmer, und er saß mit sich allein.

Von solchen sich selbst überhöhenden Menschen werden Kinder und Jugendliche nur solange akzeptiert, als sie in ihrer kindlichen Bewunderung zur Selbsterhöhung beitragen.

Es gibt viele Gefahren für uns alle, in Omnipotenzgenüsse zu regredieren. Gefährdet sind Menschen, die mit Kindern zu tun haben und sich in der Rolle des stets Überlegenen und Besserwissenden erleben. Überall wo Abhängigkeit besteht, wo der andere in einer schwächeren Position ist und damit auch nicht korrigierend eingreifen kann, fehlen Regulative von außen. Denken wir an die Mütter und Väter in den Familien. Es gibt jedoch eine große Zahl von Berufen, wo vom einzelnen Vorgesetzten oder Fachmann die Hybris der Überlegenheit, und sei sie auch nur im fachlichen Wissensvorsprung, zu bestehen ist. Um nur einige von den Gefährdeten zu nennen, sei auf folgende Berufe und Tätigkeiten hingewiesen: Ärzte und Therapeuten, Pflegepersonal, Lehrer und Ausbilder, wozu auch Universitäts- und Hochschullehrer gehören, ebenso Offiziere und Menschen in leitender Stellung. Ein in seiner militärischen Laufbahn arrivierter Generalleutnant, der am

Ende seiner Dienstlaufbahn zurückkehren sollte in ein privates Dasein, wurde zum Trinker, als er plötzlich mehr Zeit in seiner Familie zubrachte und im neuen Berufsfeld nicht mehr von Menschen umgeben war, die immer nur die Haken zusammenbrachten und »Jawohl, Herr Generalleutnant« sagten. Er wurde ein zerstörerischer Tyrann in seiner Familie. Zu einer psychologischen Beratung, um seinen gestörten Kindern zu helfen, war er nicht bereit.

Dasselbe Familiendrama habe ich oft bei Vätern und Müttern gesehen, bei denen leitende Stellungen dazu verführten, sich damit zu identifizieren. Der Selbstwert wurde dann über den sozialen Status aufgebaut, weil nicht genügend stabiles Ich-Selbstsein als Gegengewicht vorhanden war. In solchen Fällen wird eine gewisse Befriedigung erreicht, wenn in einem bestimmten Sektor ein Hervorgehobensein und der Wunsch nach »etwas Besseres sein« teilweise doch gesättigt wurde.

Macht läßt allzuleicht korrupt werden und aktiviert die Sucht nach Allmächtigkeit, wenn im eigenen Innern keine stabilisierenden Kräfte davor schützen oder eine Regulierung durch die Außenwelt erfolgt. Dann werden frühere Phasen der Kindheit und deren Verhaltensweisen wieder lebendig und führen zu zerstörerischen infantilen Verhaltensweisen. Solche Abläufe können wir bei Arrivierten in der Industrie und im Wirtschaftsleben, in der Politik und auch bei Universitätslaufbahnen mit viel Allmachtsgehabe beobachten. Der Aufstand an den Universitäten in den sechziger Jahren hatte mit als Hintergrund das Gebaren von Hochschullehrern und Klinikchefs, die in Allmachtsgenüssen und Egozentrik sich selbst zelebrierten und in ihrem Verhalten jegliche soziale Reife und Antennen für soziale Aufgaben vermissen ließen.

Eine besondere Art von Allmachtsprojektionen gibt es bei den Intellektuellen, vor allem bei den Naturwissenschaftlern. Die großen Fortschritte in diesem Bereich in Forschung und Technik und die damit verbundenen dem

Menschen möglich gewordenen Manipulationen ließen wieder die Hybris aufkommen, von Eigenmachterlebnissen und Grenzenlosigkeit sich berauschen zu lassen. In diesem Zusammenhang ist die Selbstvergottung des Menschen und die Entthronung alles Übermenschlichen zu sehen. Aus solcher Neigung zu Omnipotenzprojektionen über die Gegenwart hinaus in die Zukunft hinein lassen sich Äußerungen solcher Art erklären: »Es ist doch nur eine Frage der Zeit, bis wir die Phänomene des Lebens entdeckt haben und alles regulieren und gestalten können.« Dies sagte ein Forscher, der in seinem Teilbereich eine Menge weiß und von seinem Spezialfach etwas versteht. Die Aktivierung von infantiler Grenzenlosigkeit und das fehlende Erlebnis der Bezüge zum übergeordneten Ganzen lassen nicht die Weisheit aufkommen, daß sich hinter allen Entdeckungen immer neue Fragen auftun, die mit dem erreichten Forschungsergebnis noch nicht beantwortet werden können. Bei den Omnipotenzlern wird das Erlebnis gesucht, zu den gottähnlichen Alleskönnern zu gehören. Wenn dies auch in der Gegenwart noch nicht voll realisierbar ist, so wird die Teilhabe eben in die Zukunft projiziert.

Daß die wirklich großen Forscher, Denker und Entdecker bei weltbildverändernden, große Umbrüche auslösenden Erkenntnissen zunächst tief erschrocken sind und gerade aufgrund vertiefter Erkenntnisse über die Naturwissenschaft auf religiöses Terrain gestoßen sind, wissen die fachbegrenzten Wissenschaftler nicht. Von den großen Geistern und Forschern unseres zwanzigsten Jahrhunderts wurde der als Gott inthronisierte Mensch überwunden und an neue Grenzen geführt. Auch ohne die geistige Auseinandersetzung mit Forschungsergebnissen sind Tatsachen nicht mehr zu übergehen, weil sie für sich sprechen. Der von Gott befreite Mensch und die in grenzenloser Freiheit Lebenden führen uns die Kehrseite ihrer menschlich ungebundenen und nicht integrierten Kreativität und den Weg in die Zerstörung unserer Lebensgrundlagen vor. Von ganz anderer Seite, aus dem Kreis der Laien, werden Erkenntnisse und Folgerungen gebracht. Sie zeigen uns die Blindheiten und Infantilitäten unserer Omnipotenzler. Es ist an der Zeit, ihnen weniger Bewunderung und mehr Kritik zukommen zu lassen. Die Allgemeinheit beginnt zu lernen, daß Menschen ohne soziale Reife ebenso gefährlich sind wie Kinder, die mit Streichhölzern spielen. Die Laien haben erreicht, daß Politiker sich um Themen und Bereiche kümmern, die bisher nicht beachtet wurden. Im Grunde wird eine Wende im Fühlen und Denken ausgelöst. Denn wer falsch fühlt oder zum Fühlen nicht befähigt ist, intendiert in seinen Gedanken eine falsche Richtung und denkt damit auch falsch. Wer aber nicht richtig zu denken vermag und wem hierzu die richtigen Inhalte fehlen, löst falsche Gefühle aus. Wir sehen immer wieder, wie eng Fühlen und Denken miteinander verschlungen sind und ineinander wirken.

Es ist nicht immer leicht zu unterscheiden, was überzogenes, aufgeblähtes Selbstwertgefühl ist, das meist eine Überkompensation eines instabilen oder schwachen Selbstwerterlebens ist und dem, was auf infantilem Allmachtsgehabe gründet. Beides zeigt im Erscheinungsbild sehr viel Ähnlichkeit, und zuweilen mischt sich beides, weil erlebte Unsicherheiten Regressionen auslösen können, wodurch früher Gelebtes aktualisiert wird. Die Wachträume und Phantasien von manchen Menschen, die in ihrer Entfaltung gehemmt sind, sich ohnmächtig fühlen in ihrer unerlösten Lebenssituation, zeigen den Träumer als Helden und in erfolgreichen Situationen. Besonders Heranwachsende, die noch unterwegs sind zu sich selbst und auf der Suche nach Eigenständigkeit, fühlen sich oft klein und schwach. In ihrer Selbstunsicherheit entwickeln sie kompensatorische Wachträume, in denen sie erfolgreiche Könner sind. Diese Balance-Suche erhält sich bei vielen bis in das Erwachsenenalter hinein gerade dann, wenn Ohnmachtserlebnisse und Lebens- und Entfaltungseinschränkungen die Persönlichkeitsentwicklung behindern. Die Gründe hierfür können auch im Wachträumer selbst liegen und mit Vergangenem zusammenhängen. In der psychotherapeutischen Arbeit erleben wir oft, daß Phantasien nicht wieder auftauchen, wenn der Eigenwert und auch entsprechende Eigenmachterfahrungen ein gesundes Selbstwertgefühl wachsen lassen.

Wer sich allzu sicher darbringt, aber echte Leistungen eigenen Könnens und Engagements vorzuweisen hat, ist aller Wahrscheinlichkeit nach bemüht und auch in der Lage, in der Vergangenheit begründete Verunsicherungen zu überwinden. Der persönliche Einsatz läßt erkennen, ob eigene Werte eingebracht werden und um Selbstwert gerungen wird. Der Omnipotenzler stellt nur Ansprüche und will durch sein Gehabe erreichen, daß er von andern sehr ernst genommen wird. Wenn eine Kinderärztin eine Diät für ein Kleinkind verordnet und von der Mutter dann gefragt wird, warum diese Maßnahme durchzuführen ist, wirkt dies auf einen normalen Menschen als etwas ganz Natürliches. Die Frage wird sachlich und nicht persönlich angenommen. Die Antwort dieser Kinderärztin »... weil *ich* das sage ...« zeigt an, daß hier bei guter Intelligenz doch ein ernsthafter Mangel und persönliche emotionale Problematik sich einmischen. Trotz Studium und Wissen kann doch ernsthafter Mangel in anderen Bereichen bestehen. An diesem Beispiel ist zu sehen, daß Allmachtswünsche sich in Autoritätsgehabe und in partiellem Größenwahn äußern können. Hier hat sich jemand aufgrund einer Ausbildung zu einer Position emporgearbeitet, der er menschlich nicht gewachsen ist. Oft werden Intelligenz und Begabungen mißbraucht und in den Dienst von infantilen Omnipotenzwünschen gestellt. Häufig erfolgt dann die Identifikation mit dem beruflichen oder sozialen Status. Damit besteht die Gefahr inflationistischer Erlebnisse, d. h. Aufgeblasenheit, die durch die Wiederbelebung von

Selbstherrlichkeiten aus der Omnipotenzphase geprägt ist. Dabei kann es sein, daß derselbe Mensch im Zusammensein mit andern, vor allem mit Gleichgestellten oder gegenüber Autoritäten sich verängstigt und gehemmt verhält. In solchen Situationen entfaltet das kleine, schwache Ich aus der Kindheit seine Wirksamkeit und löst Ängste aus.

Herr X. hat als Lagerverwalter ein Verhalten entwickelt, das es als eine Art von Gnade erscheinen läßt, wenn die Mitarbeiter vom Betrieb aus dem Lager etwas erhalten, was sie zur Auftragserledigung benötigen. »Unser Lagerherrgott« nennen ihn einige im Betrieb. Sachlichkeit und Bezogenheit zum andern Menschen kennt er nicht. Zu Hause läuft alles ähnlich ab. Die Kinder müssen froh sein, wenn der Vater nicht schlechter Laune ist und sich nicht gereizt und nörglerisch verhält. Seine Partnerin hat schon zufrieden zu sein, wenn ihm das Essen schmeckt und er nicht kritisiert. Omnipotenzgefühle äußern sich häufig im Abwerten und im Mangel an Anerkennung anderer. Im ewigen Besserwissen pflegen sich solche Ansprüche gerne auszudrücken.

Reminiszenzen aus kindlichen Allmachtsgefühlen tauchen in allen sozialen Schichten auf und sind auch nicht von einem Intelligenzgrad abhängig. Menschen, die davon geprägt sind, zeigen in vielen Gebieten Mangel an Schlichtheit. Sie meiden alles, was ihnen Korrekturerlebnisse bescheren könnte. Wenn solchen Menschen durch Partner, Freunde oder Ärzte eine psychologische Beratung oder therapeutische Hilfen vorgeschlagen werden, wird dies abgelehnt und lächerlich gemacht. Alles was zum Nachdenken oder Nachfühlen über sich selbst und das eigene Verhalten führen könnte, wird kategorisch gemieden. Die dabei gewitterte Gefahr zeigt, wie sich Omnipotenzler zu schützen versuchen vor Anstößen zur Weiterentwicklung. Da sich solchermaßen Fixierte ohne Leidensdruck befinden, fühlen sie sich mindestens von ihrem Bewußtsein her ganz wohl in ihrer für sich selbst zurechtgezimmerten Umgebung. Leiden müssen aber die andern, die mit ihnen zu tun haben. Es ist immer in den Auswirkungen destruktiv, wenn Erwachsene sich wie Kinder verhalten. Das Kleinkind leidet natürlicherweise nicht darunter, daß es so vieles noch nicht kann und beherrscht. Denn in seiner Omnipotenzvorstellung kann es doch fast alles. Die Natur schützt es in dieser Phase vor Überwältigung und Unterlegenheitserlebnissen. Der Erwachsene jedoch braucht die Korrektur und die Selbsterkenntnis zur Reifung.

Herr Sch. konnte keine Freunde und Bekannten um sich haben, weil im Miteinander- und Beisammensein da und dort ein Anlaß entsteht, sich mit andern auseinanderzusetzen, die eigenen Ansichten und Vorstellungen mit denen von andern Menschen zu vergleichen und zu korrigieren. Herr Sch. meidet alles, was zu selbstkritischen Auseinandersetzungen führen könnte, weil für ihn dies eine Begegnung mit potentiellen Feinden wäre. Um sich selbst als den Größten zu erleben, müssen die andern gemieden oder fanatisch und grundsätzlich abgewertet werden. Wortgewandte und denkgeschulte Menschen vollziehen dies mit Raffinesse und mit Logik. Auch mit psychologistischen Analysen kann man den andern demontieren. Freilich handelt es sich dabei um Pseudopsychologie, aber diese ist weitverbreitet. »Mein Mann will nur mit ganz wenigen Leuten Kontakte pflegen. Meine Bekannten findet er alle langweilig und uninteressant. Er benimmt sich dann arrogant und herablassend, so daß ich um meiner Freunde willen niemanden mehr einzuladen wage.« Ein anderes scheinbar einleuchtendes Beispiel wurde formuliert: »Ich bin vom Beruf so sehr beansprucht und aufgefressen, daß ich abends und am Wochenende nichts mit andern zu tun haben will . . .«. Allmachtsfixierungen führen zur Egozentrik. Alles wird in Bezug gebracht zu eigenen Bedürfnissen, und alle haben sich danach zu richten. Daß die andern und besonders die, mit denen wir zusammenleben, darunter zu leiden haben, wird in keiner Weise wahrgenommen.

Viele können in ihrer Stellung zur Last der andern Selbstherrlichkeit entfalten. Wenn soziale Einfühlung nicht entwickelt wurde, fehlen die notwendigen Regulative. Ein Chirurg, Chefarzt in einer Klinik, hatte Probleme mit dem morgendlichen Aufstehen. Entgegen aller klinischen Tradition und Regeln führte er unter Mißachtung von Erfahrungen in seiner Abteilung ein, daß erst spät am Tag mit den Operationen begonnen wurde. Dies hatte für alle Beteiligten viele Überstunden zur Folge und war eine Last für alle Mitarbeiter, die bis in ihr Privatleben hinein damit gestört und belastet wurden. Als die unsinnige Zeitplanung des Chefarztes schließlich zur Norm und immer extremer wurde, verlangten die Assistenzärzte eines Tages von ihrem Arbeitgeber, der Stadtverwaltung, eine entsprechende Bezahlung der Überstunden. Wie infantil und egozentrisch der Chefarzt war, zeigt seine Reaktion. Er lud die Assistenzärzte in sein neues, großes Haus zu einem Nachtessen ein und wollte sie dabei dazu bewegen, auf das ihnen zustehende Entgelt zu verzichten, weil die Stadtverwaltung sich bei ihm mit Regressansprüchen gemeldet hatte. Er forderte die jungen Ärzte mit ihrem sehr viel geringeren Gehalt auf, ihm, dem sehr viel Honorar einnehmenden Chirurgen, der für große Rechnungen und Ansprüche bekannt war, finanziell entgegenzukommen und auf ihr verdientes Entgelt zu verzichten.

Die Teilnahme am andern und die Wahrnehmung der Bedürfnisse von Mitmenschen hat zur Voraussetzung, sich von der Bewunderung des eigenen Ich und von der Faszination gegenüber der eigenen Großartigkeit zu lösen. Erst dann kann man Mensch unter Menschen sein. Der Narzißt schließt sich selbst aus. Er wendet alle psychische Energie sich selbst zu und bleibt damit ausgeschlossen von jeglicher Form von Miteinanderleben.* Alle Rücksichtslosigkeiten weisen darauf hin, daß die Verbindung zum andern Men-

---

* Vgl. H. Fischle-Carl. Was bin ich wert? Herderbücherei Band 1306.

schen nicht entwickelt werden konnte. Wie viele in leitender Stellung ihre Rudimente der Omnipotenzphase wieder aktualisieren, zeigt die erschreckende Anzahl der Vorgesetzten, die im Umgang mit Mitarbeitern und Untergebenen sich ohne Einfühlung und ohne Taktgefühl benehmen.

Nicht allen Omnipotenzfixierten erlaubt es ihre berufliche Stellung, Allmachtsgehabe zu aktualisieren. Sie üben dann ihre Infantilitäten im privaten Sektor. Partner und Kinder sowie alle mit im Kontaktbereich Lebenden müssen dies nicht nur dulden, sie müssen auch Bestätigungen liefern. Dann wird bei der Partner- und Freundeswahl so selektiert, daß ein neurotisches Zusammenspiel möglich ist. Probleme treten aber auf, wenn der Partner oder die Kinder sich zu eigenen Persönlichkeiten entwickeln und damit Emanzipationsbestrebungen beginnen. Es ist eine Erfahrung, daß alle Selbstherrlichen und in dieser Weise infantil Fixierten nicht nur eine Beratung und Abklärung, sondern die ganze Psychologie ablehnen. Oft wurde ich wieder an den Mann erinnert, der mich bei einer Partnerberatung fragte: »Sagen Sie mir, was soll ich denn machen, wenn meine Frau immer wieder vergißt, mir den Aschenbecher auf den Tisch zu stellen?« Meine Antwort lag völlig außerhalb seines Denk- und Fühlbereiches, nämlich der Vorschlag, den Aschenbecher selbst zu holen. Es fehlte ihm an Differenzierung, um auf den Gedanken zu kommen, daß seine Frau vielleicht dagegen unbewußt einen Widerstand haben könnte, weil sie bei ihm stets die Rolle der Dienerin und Wunscherfüllerin übernehmen mußte.

Abhängigkeitserlebnisse:
Das eigene Selbst finden

Normalerweise werden in den frühen Jahren die werdenden Menschen überall beschützt und erfahren den Beistand zum Überleben durch die Erwachsenen. Die Bestätigung und das darin sich ausdrückende Angenommensein, das sie dadurch erleben, ist von großer Wichtigkeit. Schutz und Hilfe durch den Stärkeren drücken die Anerkennung der Existenz des Kindes aus. Wer uns beisteht und für uns sorgt oder gar uns mit Zärtlichkeit beschenkt, drückt damit auf verschiedenen Ebenen aus, daß wir ihm etwas bedeuten, also etwas wert sind. Es bringt die wichtige Erfahrung, daß die andern nicht über uns hinweggehen.

In unserem Kulturkreis sind es normalerweise Vater und Mutter, in deren Schutz wir groß werden. Darüber hinaus ist es für Kinder bedeutsam, eine größere Familie zu haben, d.h. Menschen in ihrer Nähe zu erleben, die zu ihnen stehen und zu denen sie gehören. Es ist nicht unwichtig, ob am Wohlergehen und an der Entwicklung eines Kindes Großeltern, Tanten und Onkel teilnehmen. Die Vielfalt solcher Beziehungserlebnisse ist eine Bereicherung. Darum ist es bedauerlich, wenn solche Kontakte nicht liebevoll gepflegt werden. Dabei geht es nicht darum, an Geburtstagen oder Weihnachten zusammenzusitzen, Kaffee zu trinken und Kuchen zu essen. Viel hilfreicher ist es, Kontakt zu pflegen, indem mit den Kindern etwas unternommen wird, und man sich im Miteinandersein in gemeinsamem Tun erlebt. »Machen wir Ich-und-Du?« fragten unsere Kinder, wenn sie Zweisamkeit wollten, d.h. ein bißchen Zeit für sie ganz persönlich. Sie liebten dies, weil sie wußten, daß dabei ein intimes Miteinandersein möglich ist, das beglückt. Wenn solche Begegnungen richtig ablaufen, haben dabei auch die Erwachsenen Gewinn. Ebenso ist in der Pubertät Kontakterleben mit der erweiterten Familie gerade dann hilfreich, wenn Heranwachsende sich von den Eltern distanzieren. Für die andern Familienmitglieder ist es viel leichter, liebevollen, bestätigenden Kontakt mit dem oft zu Hause schwierig zu ertragenden jungen Menschen zu halten. Gerade das ist es, was er braucht: Verständnis im Ablösungsprozeß, Gespräche, bei denen die Erwachsenen den Jugendlichen reden lassen und zuhören, ohne zu belehren und auszufragen. Erlebte Akzeptanz ist in der Reifezeit darum so bedeutsam, weil im Grunde bei aller Emanzipation noch kein stabiles Ich und viel Unsicherheit die Phase prägen. »In meinen kritischen Jahren haben mich meine Eltern abgelehnt. Sie fühlten sich durch mich enttäuscht, weil ich ihren Vorstellungen nicht entsprach und auch nicht entsprechen wollte. Ich war oft verzweifelt . . . aber meine Oma hat nie an mir gezweifelt. Sie sah über meine Schlampereien hinweg, kritisierte auch ab und zu manches, aber ihr Wohlwollen war unübersehbar. Sie sagte mir, daß die Lehre vorübergeht und ich dann einen andern Betrieb wählen könne. Sie war es, die mich lobte im Durchhalten und gab mir Selbstwert. Meine erste Freundin stellte ich ihr vor, weil ich wußte, daß meine Eltern dagegen waren und ich überzeugt war, auf alle Fälle nicht die ›Richtige‹ zu finden.« Ein anderer Analysand berichtete: »Mein Onkel hat mit mir im Hof Fußball gespielt und mir Torschießen beigebracht. Als ich dann sechzehn war und schmuddelig mit langen Haaren und ausgefransten Jeans herumlief, haben sich meine Eltern meinetwegen geschämt. Aber mein Onkel nahm mich mit ins Kino und unterhielt sich mit mir über Motorräder. Dafür bin ich ihm heute noch dankbar . . .«. Man muß in Entwicklungskrisen nicht bejaht werden im Sinne totaler Übereinstimmung. Viel wichtiger ist in dieser Zeit das Gefühl, da ist jemand, der mein Jungsein akzeptiert, der mich nicht total ablehnt. Die »Trotzdem-Beziehung« spielt hier eine tragende Rolle.

Onkel, Tanten und Bekannte haben es viel leichter, in kritischen Zeiten und gegenüber negativen Auflösungserscheinungen eine Kontinuität des Wohlwollens zu praktizieren. Sie haben nicht die tägliche Konfrontation mit all den Unerfreulichkeiten, die als Begleiterscheinungen auftreten, wenn körperlicher und seelischer Umbruch sich vollzieht. Auch für Eltern ist solcher Beistand aus der erweiterten Familie hilfreich.

In dem Signalisieren von Verständnis und teilnehmender Einfühlung vollzieht sich auch ein Prozeß im eigenen Innern. Die Toleranz für den andern in seinem Umbruchgeschehen, das Mitgefühl für den, der zunächst einmal aus der Reihe tanzen und auffällig werden muß auf der Wegsuche, führt uns dahin, unsere eigenen gelebten oder auch unterdrückten Impulse in solcher Richtung akzeptieren zu üben. Wer den andern in dieser Weise anzunehmen bereit ist, lernt damit auch einen von der Umwelt oder auch von sich selbst abgewehrten und abgewerteten Teil zu integrieren. Im andern sieht man sich in mancher Hinsicht besser gespiegelt. Um mit sich selbst in Harmonie und Frieden zu leben, ist ein gewisses Maß an Verstehen und Bejahen der eigenen Krisen und Umwege wichtig. Über die Verurteilung anderer hilft man auch sich selbst nicht. »Ich habe mich bisher immer geschämt darüber, daß ich ein ganz oberflächliches, leichtsinniges und eitles junges Ding war. Im Warenhaus habe ich Lippenstifte gestohlen, meiner Mutter ihr mühsam verdientes Geld aus ihrer versteckten Tasche. Indem ich mich schämte, wurde ich erst einmal wacher und bewußter, was alles abgelaufen war. Ich versuchte, einiges wieder gutzumachen. Erst seit ich auch sehe, was mir selbst angetan wurde, worunter ich damals so sehr gelitten habe, kann ich das Kindische von damals verstehen. Ich habe nun mehr Verständnis für mich selbst. Ich verachte mich nicht mehr, helfe mir nun, stabiler zu werden, weniger abhängig vom Urteil der andern. Ich muß nicht mehr allen gefallen, damit ich auch wer bin.« Dies erzählte ein Gruppenmitglied, eine vierzigjährige Frau, die über ihre eigene Selbstverurteilung lange Zeit sich psychisch blockiert hatte. Nicht bagatellisieren oder vergessen ihrer infantilen und jugendlichen Fehlhaltungen und Handlungen halfen ihr weiter, sondern die Kraft, die ihr aus dem eigenen Innern erwuchs. Eines Tages träumte sie, daß sie in einer ihr unbekannten Landschaft eine Quelle fand, an der sie sich erfrischte, badete und sich dann sehr gestärkt fühlte. Ihr Kind, das sie einst war, wollte stets von außen, von andern anerkannt sein und Bestätigung erfahren, gewissermaßen als Schutz. Die damit verbundenen Abhängigkeiten, die mühsame Dauerwerbehaltung und sich vergewaltigende Anpassung hatten ihr unendlich viel psychische Energie abverlangt und sie schließlich total psychophysisch erschöpft. Inzwischen lernte sie, daß die andern sie nicht beschützen können, weil sie im allgemeinen reichlich damit zu tun haben, mit sich selbst zurecht zu kommen. In der Gruppenarbeit übte sie sich zu verstehen und erlebte die Hilfe aus den eigenen unbewußten Mitteilungen über ihre Träume. Parallel dazu wuchs in ihr die bewußtere Wahrnehmung der andern, und es gab immer weniger Grund, daß sie sich ihnen gegenüber klein zu fühlen brauchte.

In der Kindheit benötigen wir jedoch noch lange schützende Hilfe. Die Einbrüche in die naive Welt der Omnipotenzhaltung wachsen mit der zunehmenden Erfahrung und den schmerzlichen Erlebnissen in der Begegnung mit der Wirklichkeit. Wenn man dann sich selbst nicht mehr so unkritisch allmächtig fühlen kann, will ein Kind sich auf die Stärke und Omnipotenz von Vater und Mutter stützen. Die Suche nach Hilfe und Rückhalt in den Beziehungspersonen ist in der frühen Kindheit ganz natürlich. Problematisch wird es nur dann, wenn wir bzw. das Kind in uns in diesem Verlangen fixiert bleiben.

Als Vincent noch kleiner war, konnte er bedenkenlos Raubtier mit mir spielen. Schon einige Monate später spielte sich folgendes ab. »Spielen wir Löwe und Tiger?« »Ja. Ich bin der Löwe, Du bist *die* Tiger.« Vincent konnte noch bedenkenlos den Löwen spielen. Sein Denken war nun schon so weit gediehen, daß er die Großmutter als weibliches Wesen erkannte. Das Wort für einen weiblichen Tiger kannte er noch nicht und konnte auch die entsprechende Form »Tigerin« nicht bilden. Darum sagte er »Du bist *die* Tiger«. Bei diesem Spiel fauchten wir verbunden mit Raubtiergebrüll. Früher ergötzte sich der Kleine und fühlte sich sichtbar stark in dieser Rolle. Diesmal wollte er das Spiel bald beenden und ging zu einem harmloseren Spiel über. In seinem Phantasieren begann sich immer mehr Wirklichkeit einzunisten. Löwe und Tiger sind dann nicht nur starke, kraftvolle Tiere, vielmehr sind sie auch gefährlich. Wer um die Realität weiß, wird vorsichtiger und auch in vielen Bereichen ängstlicher. Mit zunehmender Erfahrung, verbunden mit der Entwicklung von Denken und Vorstellen, bildet sich proportional die Omnipotenzsicherheit zurück. Im selben Maße brauchen wir als Kind dann den beschützenden und den Gefahren der Welt gewachsenen Erwachsenen.

Aus dieser Suche nach Rückhalt und der damit oft verbundenen Anklammerung finden manche schwer heraus. Das einst tatsächlich abhängige Kind bleibt in vielen dominant erhalten, wenn die nächsten Entwicklungsschritte nur zögernd angegangen werden. Denn bald müssen denkende und wahrnehmende Kinder erfahren, daß Mutter und Vater nicht alles in der Welt beherrschen können und ihnen auch Grenzen gesetzt sind. »Du hast doch früher Arznei gehabt, die einem Bauchweh wegnimmt...«, meinte eine Vierjährige zu ihrer Mutter, als sie enttäuscht darüber war, daß dies nicht immer funktionierte. Während der Vater früher alles konnte, werden seine Grenzen nun abgetastet. »Kann der Papi sechs Koffer auf einmal tragen?« Nachdem der eigene Omnipotenzverlust erfahren wurde, geht es nun um die Zuflucht in die Allmacht der Eltern und Autoritäten, die nun unaufhaltsam Korrektur erfährt. In dieser Zeit, in der die Eltern ihre Gottähnlichkeit in der kindlichen Vorstellung verlieren und immer mehr Realität wahrgenommen wird, geraten manche Kinder in eine Krise, die von Ängstlichkeit und Verunsicherung begleitet ist.

Es ist gut, wenn Kinder Väter erleben, auf die Kraft und Stärke jedoch nicht nur im leiblichen und materiellen Bereich projiziert werden kann und unter deren Führung und Schutz die Einübung in eigene Stärke sich vollziehen darf. Ebenso wichtig ist es, eine Mutter zu erleben, auf die all das projiziert werden kann, was lebenserhaltende, leib-seelisch ernährende Geborgenheit im Dasein vermittelt.

Diese Zeit im Schutz des andern erfährt schon bald wieder Einbrüche durch Realitätserfahrung in die nach der Omnipotenzphase gewonnene Schutzzone. Der Unterschlupf beim andern Menschen relativiert sich immer mehr. Das heißt, damit verbunden treten erneut Gefährdungen auf, nämlich die der totalen Abhängigkeit. Schon in den frühen Jahren unseres Daseins vollzieht sich Leben kontinuierlich in unaufhaltsamen Sterbeprozessen, ohne die keine Reifung möglich ist. Bei einer gesunden Entwicklung wird das archetypische Bild aus der Kindheit, das wir von Vater und Mutter, überhaupt von den Erwachsenen haben, ausgelöscht. An diese Stelle treten nun Menschen mit Grenzen, Schwächen und Problemen. Dies ist ein besonders wichtiger Schritt auf dem Weg zur Realitätswahrnehmung und Lebensbewältigung, ein Prozeß, der sich über Jahre vollzieht. Wer hier partielle Wirklichkeitsannahme verweigert, begibt sich auf den Pfad der Neurotisierung. Die Fähigkeit, Menschen und Tatsachen erkennen und hinnehmen zu können wie sie wirklich sind, ohne Projektionen und Umdichtungen nach unserer Wunschwelt, ist die Grundlage des reifen Menschen, der die Wirklichkeit zu bestehen vermag.

Die Ablösung von dem, was bisher Schutz und Halt

geboten hat, löst Ängste aus. Dahinter steht die Ahnung davon, daß man immer mehr für sich selbst zuständig wird. Beim Erwachsenen sagen wir dann, die Verantwortung für sich selbst ist zu übernehmen. Viele hören es nicht gerne, daß man seines Glückes Schmied ist oder wir uns unser Leben selbst gestalten, was wir auch dann tun, wenn wir eigene Initiativen nicht einbringen.

Ein Kind vermag sich nicht vorzustellen, ohne Mutter leben zu müssen. In dieser Lebensphase würde dies ein Verlust der Lebensgrundlage bedeuten. Die Erfahrungen und Veränderungen, die ein Kind Endlichkeit und Verlust erleben lassen, zerstören das kindliche Weltbild vom gesicherten Schutz. Dies ist ein Prozeß, an dem noch viele Erwachsene zu dauen und zu leiden haben. Daß unter uns Erwachsenen viele sind, die sich auch anklammern wollen, sich bei jeder Trennung, Veränderung und Verlusten wie ein Kind bedroht fühlen, d.h. über das normale Trauern hinaus in Panik geraten, sind wir uns wenig bewußt.

Kinder erleben durch zunehmende Erkenntnisse und Erfahrungen, daß es in unserer Welt keine absolute Sicherheiten gibt. Über die damit verbundenen Ängste vermag ein Kind nur langsam hinauszuwachsen, wenn es doch partielle Verläßlichkeit erleben darf. Gerade sensible und begabte Kinder erleben früh und bedrängend, was es an Bedrohlichem gibt. Sie haben reiche Phantasie und Vorstellungskraft, um sich nicht oberflächlich beruhigen zu lassen. Eine Vierjährige hörte von Löwen und der Gefährlichkeit dieser Tiere. »Wo sind denn die Löwen?« Sie erfuhr nun, wie weit weg diese Tiere leben, daß ein riesengroßes Meer zwischen hier und dort ist und die Löwen nicht einfach zu uns kommen können. »Können sie schwimmen?« »Bis zu uns herüber können sie unmöglich schwimmen.« Darauf kam der Gedanke »Aber wenn sie es lernen?« Dieser kleine Mensch war gerade dabei zu erfassen, daß, was heute nicht möglich ist, durch Üben und Lernen erreicht werden kann.

Es ist für das spätere Leben von Kindern von großer Bedeutung, daß solche Kinderängste und -äußerungen nicht belächelt und übergangen werden. Ängste werden durch Gespräche zu einer gewissen Erleichterung geführt, jedoch mit Vernunft allein nicht bewältigt. Kinder brauchen in solchen Zeiten von uns viel Geduld und Verständnis. In kleinen Schritten nur werden solche Schwierigkeiten gelöst, wenn Kinder Menschen um sich haben, die sich als verläßlich erweisen, also nicht schwindeln und etwas vormachen, und deren Aussage absolute Zuverlässigkeit beinhaltet.

Keiner, der die Angst nicht kennt

*D*ie Familie saß beim Essen. Nachdem zwei kräftige Donnerschläge an die Ohren prallten, nahm der zweijährige Vincent seine kleinen Hände vor seine Augen. Zwischen zwei Fingern ließ er einen Spalt, durch den er seine ihm gegenübersitzende Mutter ansehen konnte. Vincent aß nicht mehr weiter und blieb damit beschäftigt, sich die Augen zu verdecken. »Was machst du denn . . . ?«, fragte ihn seine Mutter. »Ich mag den Donner nicht sehen«, war die Antwort. »Hast du Angst vor dem Donner?« Darauf kam ein befreiendes »Jaaaa«. »Willst du auf meinen Schoß?« Nochmals kam ein »Jaaaa«.

Der Kleine hatte Glück. Niemand war im Raum, der ihn auslachte, belächelte oder ihm Heroismus abverlangte. Alle verstanden, was er meinte und respektierten seine Selbsthilfereaktion, die seinem Alter entsprach. Es war nicht davon die Rede, daß der Teller leer gegessen werden soll. Vincent wurde nicht belehrt darüber, daß der Donner ungefährlich ist oder was er überhaupt ist. Man verstand ganz einfach, um was es ihm ging: Um die Angst und Bedrohung die Kinder erleben können, wenn der Donner als unüberhörbares Phänomen auf ihre Ohren trifft. Aus dem richtigen Mitfühlen und Verstehenkönnen entwickelt sich ganz von selbst eine schützende Hilfestellung als Antwort. Nun konnte er seine Abwehrhaltung aufgeben, die Hände vom Gesicht nehmen und auch beruhigt weiteressen.

Eigentlich war das Kind für sein Alter tapfer. Es weinte nicht aus Überschwemmung von Angst, flüchtete nicht in ein schützendes Versteck. Es benützte seine eigenen kleinen Hände und bemühte sich selbst um ein schützendes Verhalten. Getragen vom Verständnis und der Geborgenheit bei den ihm nahestehenden Menschen lernte es Angst auszuhalten und zu sich selbst zu stehen. Weil es in seiner altersgemäßen Angst angenommen wurde, vermochte es vor sich selbst seine Angst ohne Selbstwertverlust zu akzeptieren. Auf diesem Weg kann man in phasengerechten Schritten bei zunehmendem Bewußtsein und zunehmender Entwicklung zum eigenen Ich-Selbst-Sein der Angst entwachsen. In solch frühen Erlebnissen werden grundsätzliche, unser Leben bestimmende Verhaltensschemata entwickelt. Während dieser ersten Lebensjahre lernen wir, echt zu sein, zu unseren Gefühlen zu stehen. Wer dies nicht darf, muß früh üben, den andern und auch sich selbst etwas vorzumachen. Solche Formen von Unehrlichkeit und die Entwicklung zur fassadenhaften Schauspielerei im Umgang mit Menschen erhalten sich von der frühen Kindheit an oft ein ganzes Leben lang. Es ist nicht nur mühsam und Verschwendung psychischer Energie. Darüber hinaus schafft es Selbstunsicherheit, Ängstlichkeit und ein rational nicht faßbares Unbehagen. Es verringert die Lebensfreude. Eine Überwindung von Ängsten gelingt auf diesem Weg nicht. Der Angst vermögen wir nur zu entwachsen, wenn wir uns ihr stellen, sie zu erkennen wagen und sie zunächst auszuhalten lernen, bis uns durch diesen Prozeß die heilenden Kräfte wachsen. Hierzu ist zuweilen auch Hilfe von einfühlenden und verstehenden Mitmenschen notwendig.

Immer noch gibt es Erwachsene, die Kinder dazu anleiten wollen, Ängste zu verdrängen, d. h. sie beiseite zu schieben und so zu tun, als würden sie nicht existieren. Speziell Jungen wurde über Generationen hin dazu verdammt, ihre ganz natürlichen und gesunden, altersgemäßen Emotionen und Reaktionen zu unterdrücken. Dies alles geschah unter dem Aspekt eines fragwürdigen Idols, nämlich dem Vorzug, in einer männlich bestimmten Welt ein Junge zu sein. Darum durften die kleinen Buben nicht weinen, keine Püppchen lieben und ihnen ihre Zuneigung und Zärtlichkeit nicht schenken. Sie konnten sich nicht mit Ketten schmücken, wie die Schwester oder andere Mädchen es taten. Man könnte dies Erziehung zu emotionaler Verkümmerung nennen, die natürlich nicht ohne entsprechende Auswirkungen beim erwachsenen Mann blieb. Hinzu kamen dann beim heranwachsenden Jungen Forderungen, mutig und tapfer zu sein, d.h. nie und niemandem die wahren inneren Bedürfnisse und Ängste mitzuteilen, die ein Kind oder ein Jugendlicher erlebt. In solcher Entwicklung vollzog sich früh eine innere Vereinsamung. Wer sich nicht öffnen und seine ureigensten Gefühle nicht mitteilen darf, erlebt folgenschwere Frustrationen, die den Weg zum andern Menschen verbauen. Bei solchen Verzichtleistungen und belastenden Forderungen von seiten der Umwelt mußte das solchermaßen erkaufte Idol »ein Junge zu sein« einen extrem hohen Stellenwert erfahren im Sinne der Kompensation. Auch die damit verbundenen Überbewertungen und Einseitigkeiten führten zu entsprechenden Problemen. Die Beziehung zum andern Geschlecht wurde dadurch negativ geprägt und erschwert. Die Erkenntnis davon, was Frauen in einer patriarchalen Welt angetan wurde, nimmt bei den bewußt lebenden Menschen unter uns zu. In solchem Zusammenhang muß jedoch auch gesehen werden, was parallel in diesem Geschehen an Fehlentwicklung den Männern zugemutet wurde.

Wenn Kinder in ihrem altersgemäßen Reagieren, in ihren kindlichen Verhaltensweisen nicht verstanden sind, werden auch keine Bewältigungshilfen angeboten. Erwartungen treten auf, die vom Kind dem Verhalten Erwachsener ähnliche Verhaltensweisen fordern. Die meisten haben vergessen, daß sie ein Kind waren und wie es ihnen dabei zumute war. Vermutlich hängt dies damit zusammen, niemals als Kind voll in der altersgemäßen Unzulänglichkeit angenommen worden zu sein. Wie schon erwähnt, wird dann Verdrängung früh eingeübt. Viele erinnern sich darum nur an ganz wenige Daten aus ihrer frühen oder späteren Kindheit. Wer verstehende Geborgenheit erleben durfte, findet aus seiner Erfahrung heraus leichter den Weg zum Verständnis kindlichen Verhaltens und kann dies dann auch ohne Schwierigkeiten als etwas Natürliches und Kindgemäßes annehmen. Auf das Überlegenheitsverhalten des Erwachsenen kann darum verzichtet werden. Vernünfteleien in Form von rationalen Erklärungen werden nun nicht mehr angeboten an den Stellen, wo es auf unser Mitgefühl ankommt. Wenn ein Kind gestürzt ist und sich dabei verletzt hat, ist es unsinnig, ihm Belehrungen über sein unvorsichtiges Verhalten als erste Reaktion zu bringen. Es bedarf zunächst unserer Teilnahme an seinem Schmerz und seiner Verletzung. Erst später kann man, falls es notwendig ist, fragen ob das Kind wohl weiß, warum es gestürzt ist. Dabei ist es viel besser, wenn es selbst hinter sein Ungeschick kommt und wir nicht die ewig Belehrenden und Alleswisser sind, die werdende Menschen allzuleicht erdrücken. Im Umgang mit Kindern und auch mit uns nahestehenden Menschen ist immer zuerst das Gefühl wichtig. Dies vermittelt Nähe und Menschlichkeit, während das Rationale objektiviert, verallgemeinert und distanziert.

Was wir im Umgang mit Kindern hier formuliert haben, trifft auch auf das Kind im Erwachsenen zu. Es ist hilfreich zu lernen, zu unserem meist verborgen gehaltenen Kind-Anteil in uns zu stehen und mit ihm entsprechend umzugehen. Dann vermögen wir auch mit der Zeit auf das Kind im andern, z.B. auf die Angst erwachsener Menschen, richtig zu reagieren und können in der Angstbewältigung hilfreich werden. Jeder weiß, daß Angst nicht mit Rationalisierungen oder forderndem Druck überwunden werden kann. Wer sich dem ängstlichen Kind im andern gegenüber so verhält, weiß wenig vom Menschen. Sein Defizit liegt vielleicht nicht im Bereich der Ängstlichkeit, aber im Bereich zwischenmenschlicher Beziehungen.

Aus der Erfahrung an unzähligen gestörten und geplagten Kindern und Erwachsenen bildete sich die Erkenntnis, daß die Verdrängung des eigenen natürlichen Empfindens und die Verleugnung emotionaler Reaktionen zu Erkrankungen führen an Leib und Seele. Der Begriff der Tapferkeit und des Mutes wurden darum neu überdacht und werden nun seltener und weniger leichtfertig gebraucht. Wegen Mißbrauch ist die Tugend in Verruf geraten, und wir sind ihr gegenüber mißtrauisch geworden. Wer die Angst nicht kennt und um sie weiß, kann nicht tapfer sein. Wenn Mut aus Geltungsbedürfnis und Ehrgeiz heraus entsteht, ist er fragwürdig. Besinnungslosen unreflektierten Übermut können wir nicht mehr dem mutigen Verhalten zuordnen. Seit uns die Tiefenpsychologie mehr und Hintergründiges vom Menschen ins Bewußtsein führte, lernen wir uns selbst besser zu verstehen und zu akzeptieren in unseren menschlichen Unzulänglichkeiten. Wir wissen um die Gefahr von Vollkommenheitsidealen.

Wenn Mut und Tapferkeit eine generelle Abwehr von Sensiblem und von natürlichen Empfindungen und Reaktionen ist, fördert uns dies nicht im Insgesamt des Menschseins. Mut und Tapferkeit haben nur dann einen Sinn, wenn ein konkretes Ziel dahinter steht. Damit verbunden ist dann das Wissen, warum in einer bestimmten Sache und einem bestimmten Zeitraum die persönlichen Anteile zurückgestellt werden. Was aus der Verdrängung der Angst heraus geboren wird, rückt allzu sehr in die Nähe von Leichtfertigkeit und Unbedachtsamkeit. Die Zeiten haben sich gewandelt. Wir wollen keine Helden mehr, die eiskalt, ohne Sensibilität und ohne menschliche Zielsetzung handeln. Um den Menschen geht es uns, nicht um Idole. In unserem Jahrhundert grausamer menschlicher Auswüchse ist etwas in Gang gekommen: Uns selbst und all die andern in unserer Schwäche und Problematik annehmen zu lernen. Hierzu gehört auch unsere Angst. Es gibt keine angstfreien Menschen, nur solche, die ihre Ängste nicht zulassen und sich dies nicht eingestehen können. Während in früheren Zeiten es eine allgemeine Verhaltensweise war, sich als mutig und angstfrei darzustellen, begegnen wir immer mehr Zeitgenossen, die nicht nur sich selbst, sondern auch andern ihre Schwächen und die Unvollkommenheit unserer Species eingestehen und zugestehen.

Wir saßen in einem Kreis von Bekannten beisammen. Ein Mann erzählte von einem Erlebnis, das ihn noch sehr bewegte. Mitten in der Nacht wurde er aus tiefem Schlaf geweckt, weil in seinem Haus, wie es ihm schien, auffällige Geräusche waren. Er wurde hellwach und sagte sich, daß dies Eindringlinge sein könnten, er aufstehen und nach der Geräuschquelle sehen müsse. Daraufhin packte ihn eine solche Angst, die ihn körperlich zittern ließ und lähmte. Seinem Bericht nach war er nicht in der Lage, auch nur die Beine aus dem Bett zu bringen. Bei der Erzählung brachte dieser Mann noch zum Ausdruck, wie sehr ihn dieses Gefühl von Angst und Ohnmacht noch lange bewegt hat. Jeder von uns konnte mitfühlen. Am meisten aber berührte uns der Mut, dieses Erlebnis in solch offenem Eingestehen mitzuteilen. Angst einzugestehen ist viel mutiger, als über sie verleugnend hinwegzugehen.

Eine der großen Ängste der Kindheit ist durch die Vorstellung geprägt, allein gelassen, verlassen zu werden. Wie könnte ein Kind auch allein leben. Diese in der Kindheit sehr berechtigte Angst wird verstärkt durch Erfahrungen der Unzuverlässigkeit und Unberechenbarkeit der Beziehungspersonen, also meist Vater und Mutter. Auch wenn Unvorhergesehenes an Trennungen über ein Kind hereinbricht, entsteht das Erlebnis der Unberechenbarkeit des Lebens. Dies löst Angst aus, und es bedarf vieler positiver, erfreulicher Erfahrungen der Verläßlichkeit und Sicherheit, um das Gefühl der Geborgenheit in der Welt gegenüber der Angst und Bedrohung überwiegen lassen zu können. Wer solche ausgleichenden, aufbauenden Hilfen nicht erfährt, hat auch einen schweren Weg zum Vertrauen in sich selbst. Für viele Erwachsene sind die Angsterlebnisse der frühen und auch späteren Kindheit latent immer vorhanden. Angst aktualisiert sich bei diesen Menschen, wenn Situationen auftreten, die unvoraussagbare, unberechenbare Möglichkeiten eröffnen und das Gewohnte nicht mehr ganz überschaubar ist. Je weniger Vertrauen ins eigene Ich-Selbst aufgebaut werden konnte, um so niedriger ist die Reizschwelle, d.h. der Weg in Angst oder gar Panik ist dann kurz.

Die Verlustangst bringt seltsame Ergebnisse. Was Menschen in diesem Zusammenhang auf sich nehmen, sich bieten lassen an Mißbrauch und Demütigungen bis hin zu Mißhandlungen und sadistischen Quälereien, ist unüberschaubar. Mit Überanpassung an das, was vermutet wird als Wunsch vom andern, wird man zu einem ausführenden Organ und lebt in der Verleugnung des eigenen Ich-Selbst. In der frühen Kindheit ist Mutterverlustangst mit Verlust der Existenzgrundlage eng verbunden. Das Recht-machen-Wollen der Kinder ist in dieser Phase biologisch sinnvoll: Jede Kultur muß in der Aufzucht der Kinder eine gewisse Anpassung verlangen. Denn nur damit ist ein Zusammenleben möglich und geht nicht in gegenseitige Zerstörung über. In der mit gesundem Augenmaß geforderten Kultivierung des werdenden kleinen Menschen erfolgt zugleich auch die Einübung und das Erlernen der Verhaltensweisen in diesem Kulturkreis und dem davon geprägten Zusammenleben. Parallel hierzu läuft jedoch der Prozeß, der zur individuellen Persönlichkeit führt. Diese Grundlagen sind bald erlernt, aber Überangepaßtheit aus Verlustangst destruiert die Impulse des Eigenlebens. In der psychologischen Arbeit mit Menschen auf dem Weg zur Ich-Selbstfindung ist es eine Zäsur, wenn erfaßt wird, daß in der Gegenwart alles anders ist, als es für das mit Verlustangst geplagte Kind aussah. Es besteht für den gesunden Erwachsenen nicht mehr das Ausgeliefertsein an den andern. Wir haben viel mehr Chancen und Möglichkeiten, jeden Tag unser Leben zu gestalten, als wir uns bewußt sind. Verlustangst und damit verbunden die rechtmachenwollende Überangepaßtheit führen zu Mißtrauen und Eifersucht. »Heute ist heute« heißt darum das Stichwort in unserer Gruppenarbeit.

Die symbiotisch-illusionären Vorstellungen, auch die Jugendvorstellungen und pubertären Schwärmereien, schaffen uns Leiden und behindern uns, Wirklichkeit zu erkennen. Wer bewußt lebt, weiß um das Unausweichliche von Konflikten, Krisen und Problemen zwischen uns Menschen. Wenn wir davor scheuen, versäumen wir das, was uns zum erwachsenen Mann und zur erwachsenen Frau macht. Manche verzweifeln, wenn die Realität von kindlichen Träumereien und Projektionswünschen abweicht. Dann entwickeln sich manchmal Haß oder Rachewünsche gegenüber dem andern Geschlecht. Wer durch stete Anpassungsleistungen Menschen für sich gewinnen, man könnte auch sagen, kaufen will, baut keine Beziehung auf, die beide Teile fördert und sie darum wünschens- und erhaltenswert werden läßt. Das Risiko der Trennung und des Verlassenwerdens muß eingegangen werden. Die besten Ehen sind nicht die, da der eine ohne den andern nicht lebensfähig ist. Sich gegenseitig fördern heißt auch, sich gegenseitig fordern. Unterdrücktes und Versäumtes bringt Verzerrungen der Bitterkeit und Härte. Es führt in unterschwelligen Haß und Depression oder auch physische Krankheit. Es ist für viele darum gut, Sensibilität zu entwickeln, wo wir selbst uns ängstlich verleugnen oder andere dazu bringen, dies zu tun. Das eine schließt das andere nicht aus.

Das Verlangen aus der Kindheit, in der Rückendeckung eines Stärkeren zu bleiben, ist nicht nur bei vielen Frauen, sondern auch bei vielen Männern anzutreffen. Viele Paare leben nicht miteinander, vielmehr nebeneinander und finden dies ganz in Ordnung, weil damit ihre ihnen selbst oft nicht bewußte Angst vor dem Alleinsein und dem Verlassenwerden gebannt ist. In Eheberatungen höre ich oft: »Ich habe darum geheiratet, weil ich nicht mehr allein sein wollte.« Ein anderes sehr häufiges Argument ist im folgenden ausgedrückt: »Bei meinen Eltern gefiel es mir nicht, und ich wollte weg. Allein zu leben machte mir Angst. Darum war ich froh, mit diesem Partner zusammenziehen zu können.« Auf die Frage, warum ein Mensch über Jahre hin Quälereien, Enttäuschungen und Demütigungen sich zumutet und in einer von dieser Art geprägten Beziehung bleibt, höre ich oft die Begründung: »Es ist für mich besser, als allein zu sein.« Dabei handelt es sich um Menschen, die aus der Kindheitsangst nicht herausgewachsen sind, nie gelernt haben, auf sich selbst zu bauen, den eigenen Fähigkeiten zu trauen. Das Ohnmachtserlebnis des Kindes, letzten Endes Vater und Mutter doch nicht davonlaufen zu können und ihnen in der eigenen Schwäche ausgeliefert zu sein, wirkt dabei noch mit. Nicht alle dieser vom Kinder-Ich Beherrschten haben den Mut, sich diese Ängste einzugestehen. Sie suchen sich rationale Erklärungen und manchmal ethisch hochgestochene Hintergründe für ihr gestörtes und selbstzerstörerisches Verhalten. »Ich habe doch Treue geschworen.« Oder »Vor Gott habe ich gesagt, daß ich mit diesem Menschen bis zu meinem Tod verbunden bin . . .«. Biblisch ist nirgends zum Ausdruck gebracht, daß Menschen sich durch andere, weder in noch außerhalb der Ehe, plagen oder gar krank machen lassen müssen. Nirgends ist formuliert, ein gesundes Leben zum Opfer bringen zu sollen und aus der Verantwortung für das eigene Dasein herauszutreten. Die Frage ist immer, wer zuerst das Versprechen durch unpartnerschaftliches Verhalten gebrochen hat, und ob eine Ehe zwischen den beiden nicht Leben tötend ist. Das Sacramentum ist eine »Heilige Sache« und muß sehr ernst genommen werden. Aber gerade darum darf eine Ehe nicht in einem Zusammensein geführt werden, das zerstörend ist. Ein frommer Mensch würde sagen, wenn die Ehe so geführt wird, daß sie den Gesetzen des Lebens zuwider läuft und damit nicht mehr im Sinne Gottes vollzogen wird, muß sich ein solches Paar trennen.

Neben dem Schutzbedürfnis entwickelt sich bei manchen eine Sucht nach Geborgenheitserlebnissen. Beides führt zu starker Abhängigkeit, bei der sich Verselbständigung nicht entwickeln kann. Dies bedeutet, daß diese Menschen unter dem Niveau ihrer Möglichkeiten leben, bildhaft gesprochen nur ein Bein oder eine Hand zur Verfügung haben. Wenn Fixierungen aus der Kindheitsebene uns bestimmen, werden wir von Infantilismen gelenkt. Dies kann sich im privaten oder beruflichen Bereich niederschlagen oder in beiden Lebensgebieten. Führung und Absicherung durch Eltern oder Autoritäten sollen dann, wo es nur geht, fortgesetzt werden. Überall werden Entscheidungen, Verantwortung und Zuständigkeit gemieden. »Mein Mann bestimmt immer, wohin wir sonntags gehen oder in Urlaub fahren.« »Meine Frau entscheidet, wer eingeladen wird und auch wann.« Es kommt diesen Fremd-Bestimmten und Geführten gar nicht in den Sinn, dies tatsächlich zu ändern. Sie fühlen sich ohnmächtig wie als kleines Kind, und es mangelt ihnen an eigenem Entschluß und Handeln. Auf solch passives und infantiles Verhalten angesprochen, fällt diesen Menschen gar nichts ein, wie man an ihrer Situation etwas umgestalten könnte. Sie verharren in der Inaktivität des von andern Gelenkten und Gesteuerten. Ihr Leiden darüber ist oberflächlich und entbehrt des Druckes, der zu einer Wende und zu Neugestaltungen notwendig ist. Auf eigene Lebensgestaltung und damit verbundene Kreativität wird verzichtet.

Frau P. erhielt das Angebot von ihrem Chef, eigenständig einen größeren Bereich in der Firma zu betreuen und sich eine selbständige Position auszubauen. Sie ist im Betrieb dafür bekannt, daß sie klug und umsichtig arbeitet. In dem angebotenen Arbeitsgebiet weiß sie gründlich Bescheid. Sie hat bisher auch alle anfallenden geschäftlichen Handlungen selbst initiiert. Wo zu entscheiden war, hatte sie schon seit über zwei Jahren die Wahl getroffen, jedoch alles täglich ihrem Chef vorgelegt, so daß dieser, meist ohne die Sache zu überprüfen, die Anordnungen von Frau P. abhakte und sein Zeichen darunter setzte. Im Grunde sollte sich nur ändern, daß der Chef nicht mehr alles täglich vorgelegt bekam und absegnen sollte. Diese junge Frau hatte mit ihren dreißig Jahren nicht nur Angst vor dem Allein-Sein, vor dem sie jeden Abend flüchtete, sondern auch Angst vor dem Allein-Tun. Die Möglichkeit zu einem Aufstieg in selbständige Arbeit mit allen dazu gehörenden Vorteilen ängstigte Frau P. zunächst so sehr, daß sie ablehnte. Beim Nachdenken war ihr klar, daß sie das notwendige Fachwissen und die dazu gehörenden Fähigkeiten besitzt. Ihr Gefühl war jedoch von ihrem Kinder-Ich bestimmt. Es ängstigte sich, aus der bisherigen täglichen Absegnung sich zu lösen und nicht mehr geführt zu werden. Trotz der Wahrnehmung der eigenen Fähigkeiten konnte Frau P. sie nicht zum Einsatz bringen. Letzten Endes trifft ihr infantiler Anteil in ihr die Entscheidungen. Erst in der Gruppenarbeit lernte sie, mit ihrem geängstigten Kind in sich umzugehen. Davon soll in späteren Kapiteln noch mehr berichtet werden.

Frau T. lebte schon sechzehn Jahre in einer Ehe, die ihre Kindheitsangst des Verlassenwerdens schürte und wachhielt. Wenn ihre Mutter mit ihren drei Kindern nicht zurechtgekommen war, drohte sie damit, fortzulaufen und nie mehr wiederzukommen. Ab und zu verschwand diese Mutter für ein oder zwei Stunden, und Frau T. war als jüngstes der Geschwister von quälenden Ängsten bis zur Rückkehr der Mutter geplagt. Eine frühe Heirat sollte sie aus den Spannungen im Elternhaus erlösen, was sich jedoch bald als Irrtum erwies. Ihr Partner realisierte das, was er für sich selbst durch die Ehe erhofft hatte. Er hatte eine Frau, die ihm ein Zuhause gestaltete und pflegte, ihm zwei Kinder aufzog, die sparsam war mit dem ihr zugeteilten Geld und großzügig gegenüber seinen sexuellen Forderungen. Die Frau war für die Kinder zuständig, saß abends zu Hause, weil man diese nicht allein lassen konnte, und er hatte abends immer viel vor. Auf diese Weise litt Frau T. unter Einsamkeit, weil es ihr nicht gelungen war, für sich selbst ihr Leben anders zu gestalten und Kontakte aufzubauen. Die Kindheitsangst, allein zu sein oder gar verlassen zu werden vom Partner, mußte fast täglich bestanden werden. Herr T. hatte, ähnlich wie die Mutter in der Kindheit, immer die Erpressung bereit: »Wenn es dir nicht paßt, trennen wir uns eben . . .«. Als sie soweit gediehen war, ihr Leben zu ändern und sich nicht mehr von ihrer infantilen Schau der Dinge bestimmen zu lassen, wurde sie ein anderer Mensch, und Herr T. war gezwungen, sich zu verändern, wenn er bei dieser frei und lebendig gewordenen Frau bleiben wollte.

Viele junge Leute in unserer Zeit haben sich mehr als frühere Generationen vom Elternhaus gelöst, leben in eigener Wohnung und bestimmen in vieler Hinsicht über sich selbst. Dabei ist jedoch häufig zu beobachten, daß in der Partnerschaft oder in Freundesgruppen Elternersatz gesucht wird. Man wechselt von der Familiengruppe in das Kollektiv der jungen Freunde. Sie werden zu einem Hilfs-Ich. Auch der Zustrom in ideologische Gruppierungen, in denen ein gewisser Zusammenhalt und Richtungsweisendes geboten wird, hängt damit zusammen. Die Suche nach einem Guru und die Abhängigkeit gegenüber solch neuen Projektionsträgern ähnelt sehr dem kindlichen Glauben an Vater und Mutter in der frühen Kindheit. Nun ist wieder jemand da, der vorgibt zu wissen, wo es lang geht und bereit ist zu führen. Auch politische Gruppen mit ihren Führern können solche Rollen übernehmen und Heilsvorstellungen auslösen. Daß das entwicklungsgehemmte, fixierte Kind im Menschen mitwirkt bei Wahlentscheidungen, ist des Nachdenkens wert. Die fast modisch gewordene Forderung nach mehr Bewußtsein bedarf der Hilfe, um das aufspüren zu lernen, was uns unbewußt bestimmt. Wie wenig aus dem Denken und der Vernunft heraus Leben gestaltet wird, zeigt sich extrem im Gespräch mit

Anhängern von pseudoreligiösen Sekten und Gemeinschaften und ideologisch geprägten Gruppen. Hier finden alle die ein neues Zuhause, die in Abhängigkeit bleiben wollen, sich als Elternersatz neue Führer suchen, die als Projektionsträger geeignet sind und sich selbst ein zweifelhaftes »Charisma« aufbauen. Rationale Aufklärungen, Hinweise auf die Problematik und Hintergründe solcher Gruppen verhelfen nicht zur Einsicht. Das in Angst vor der eigenen Wegsuche und der damit verbundenen Ablösung vom bisherigen Gebundensein verängstigte, infantil fixierte Kinder-Ich ist glücklich, in neue Bindungen und Abhängigkeiten eintauchen zu können. Sofern dann solche Verbindungen gekoppelt werden mit religiösen Aspekten oder mit Gutes-Tun und Gut-sein, entstehen gefährliche Potenzierungen, die nur durch Reifungsschritte gelenkt werden können, wenn das Wachstum psychischer Kräfte zu religiösen Erlebnissen führt, die nicht infantil geprägt sind. Der Weg zu sich selbst und das Wachstum über die Kindheitsfixierungen und -prägungen hinaus vollzieht sich nur in kleinen Schritten. Die Angst, die vermeintliche totale Beschützung zu verlieren, ist gekoppelt mit Verlassenheitsängsten. Unter Schwellenangst leiden die Menschen, die sich vor allem Neuen und Neuanfang fürchten und sich an das Gewohnte klammern. Sie wagen nicht das Teilsterben, damit das Kommende, Weiterführende in uns Raum findet und sich entfalten kann.

Es wird viel von der Verselbständigung und Mündigkeit gesprochen. Die Emanzipation als Entwicklungsdrang meldet sich in allen Bereichen und Erdteilen. Im alten Rom war Emanzipation die Entlassung aus der väterlichen Gewalt. In unserer Zeit sind es Befreiungsakte aus Abhängigkeitsverhältnissen, also aus Fremdbestimmung. Bei jedem Individuum ist ein Schritt zur Eigenständigkeit davon abhängig, ob eine Abgrenzung auch von den eigenen Entwicklungen von neu strukturierenden Kräften getragen ist. Nur damit kann die Zuständigkeit für sich selbst wie auch die Verantwortung verwirklicht werden. Es sind nicht wenige, die auf dem Stadium der frühen Pubertät stehen bleiben. Dann werden die Freiheiten des erwachsenen Menschen beansprucht, jedoch wird die Eigenverantwortung noch nicht übernommen. Die Folgen des eigenen Tuns werden nicht klar erkannt und müssen darum von den andern und der Gesellschaft mitgetragen werden. Je infantiler jemand ist, um so bedenkenloser erwartet er von den Nächsten letztlich Hilfe und Auffangnetze.

Schutzbedürfnisse:
Unsicherheiten kann man aushalten lernen

Die knapp sechsjährige Nori saß hinter mir im Auto in ihrem Kindersitz. Wir waren beide eine Weile still. Ganz unvermittelt kam von hinten die Frage zu mir: »Was meinst du, wie die Menschen auf die Erde gekommen sind?« Ich sagte ihr meine Gedanken hierüber: »Immer wieder haben viele Menschen darüber nachgedacht. Einige meinen, daß die Menschheit vom Affen abstammt. Aber das sind alles nur Vermutungen. Mit Gewißheit weiß niemand, woher wir Menschen kommen. Ich bin der Ansicht, daß das mit den Affen nicht stimmt. Sicher waren die Menschen nicht gleich so, wie sie heute sind. Das ist ganz gewiß eine lange Entwicklungsgeschichte. Genaues weiß man nicht und es wird wohl auch ein Geheimnis bleiben. Es gibt vieles, was wir nicht entziffern können. Auch wenn wir Menschen schon vieles erforscht haben und noch vieles erforschen werden, bleiben immer noch Rätsel, die wir nicht lösen können.« Nach einer Schweigepause nahm Nori von sich aus Stellung. »Ich glaube, daß Gott die Menschen auf die Erde gebracht hat, daß sie von ihm kommen.« Meine Antwort war: »Das glaube ich auch.« Nach kurzer Überlegung fuhr ich dann fort: »Aber es gibt viele Menschen, die von Gott nichts verstehen.« Dann hörte ich die Kinderstimme sagen: »Aber ich verstehe was von Gott.«

Nori hatte schon deprimierende Erfahrungen hinter sich. Ihr Milieu mit Jungakademikern bot ihr als Gesprächspartner junge Leute, mit viel angelesenem Wissen belastet und Mangel an Intuition, ebenso mit undifferenzierter Emotionalität. Aus solcher Insuffizienz heraus kamen Äußerungen, die dem Kind zeigen sollten, daß Gott ein Produkt unserer Phantasie und unserer Vorstellungen ist. Es wird vielen Kindern eines Tages nahegebracht, daß es Zwerge und Hexen, Elfen und Gnome nicht sichtbar gibt. Ebenso wird manchen Kindern auch Gott in dieser Weise »entlarvt«. Solche vermeintlich Klugen wissen selbst nicht, daß es zwar keine Hexen gibt im real-physischen Sinne, wohl aber viel Hexenhaftes in der Welt existiert, Menschen, die Hexiges in sich tragen. Sie haben die Fähigkeit des Symbolverständnisses aus ihrer Kindheit ganz und gar verloren und auch die Antennen für all das, was man nicht anfassen, nicht sehen und hören kann. Sie leben nun ganz vordergründig und haben keine Ahnung von dem, was hinter allen Erscheinungen verborgen ist und was sich an Hintergründigem offenbart in der Erscheinung. Wer Sturmbrüche im Wald gesehen hat, wo kräftige Bäume mitsamt ihren Wurzeln umgerissen wurden, weiß was Flachwurzler sind. Sie sind nicht nur bei Sturm gefährdet, sondern auch bei Trockenheit. Sie reichen mit ihren Wurzeln nicht an die Wasser der Tiefe heran und sind dadurch auch zu schädigen.

Nori hat sich mit solchen flachwurzelnden Menschen der Oberfläche auseinandersetzen müssen. Sie war dabei tief erschüttert worden. Als sie nach solchen Erlebnissen wieder zu mir kam, benützte sie die erste Gelegenheit, da wir in Ruhe allein miteinander waren. Ich kann ihr von tiefem Schmerz geprägtes Kindergesicht nicht vergessen, das mich bei der Mitteilung anschaute »Weißt du, Gott gibt es nicht.« Es war für dieses Kind von weitreichender Bedeutung, einen Menschen zu haben, mit dem es nochmals über dieses Thema sprechen konnte. Sie suchte jemanden, der ihr gewichtig genug war, um zu einem Gegengewicht zu finden. Wir sprachen miteinander darüber, daß es viele Leute gibt, die eine Menge wissen, weil sie viel gelesen und gelernt haben, aber trotzdem von Gott nichts verstehen, weil man Gott nicht lernen kann, sondern im Herzen finden muß.

Nori hatte die Auflösung ihrer kleinen Familie erlebt

und ihren Vater mehr oder weniger verloren durch die Trennung ihrer Eltern. Sie war tief betroffen und im Hinblick auf Geborgenheit stark verunsichert. Längst wußte sie, daß auf Menschen nicht Verlaß ist, wie unberechenbar sie sind. Sie war auf der Suche nach dem, was über den Menschen hinausreicht.

Als sie im Sommer der Trennung ihrer Eltern bei ihrer Tante war, spielte die Vierjährige mit ihrem Püppchen und fragte, als sie vor ihrem Kinderspieltelefon stand: »Was ist die Telefonnummer von Gott?« »Du brauchst keine Nummer wählen. Du mußt nur mit ihm sprechen. Er hört dich überall.« Nori nahm ihren Kindertelefonhörer in die Hand und telefonierte mit Gott. »Hallo, Gott, hörst du mich? Bitte, paß auf mein Kind auf, gelt? . . . daß ihm nichts passiert.« Sie meinte ihr eigenes Kind und Kindsein, das des Schutzes bedurfte, ihre eigene Seele, die sie von so vielem bedroht fühlte. In ihrer damaligen Situation, in der sich die Familie auflöste, sie ihren bisherigen Wohn- und Lebensraum verlor, fühlte sie wohl, daß auch ihre Mutter nun bedrängt war von Kummer und Sorgen. Für Nori war es darum wichtig, sich an jene Macht zu wenden, die sie über den Menschen wähnte. Über ihr eigenes Leid war sie auch tief betroffen von all dem Leid, das sie nun viel bewußter um sich herum in der Welt sah. »Wenn ich groß und stark bin, esse ich kein Fleisch mehr, weil ich die Tiere so sehr mag.« Ein andermal durfte sie bei einer Vorspeise Schnecken kosten. Ihr Kommentar war: »Ich finde sie schmecken gut. Aber ich möchte keine haben . . . wegen den Schnecken . . .«. Und dann kam als Nachsatz: »Weißt du, ich bin tierlieb. Menschenlieb bin ich nicht so sehr wie tierlieb.«

Sensible Kinder erleben ihr Klein- und Hilflossein, ihr Ausgeliefertsein an die Erwachsenen recht bewußtseinsnahe, wenn die Phase der täuschenden Allmachtsvorstellungen zu Ende ging. Dann identifizieren sie sich oft mit den Tieren, die sie wie eine Art Geschwister erleben und fühlen die Wehrlosigkeit vieler Tiere gegenüber den Menschen, die mit List und Technik Tiere überwältigen. Viele Erwachsene tragen in sich noch das große Mitleid mit dem Tier und vermögen keine Maus in ihrem Keller oder Garten zu töten. Sie sind sensibilisiert für alles Leid, das ein Lebewesen dem andern antut. Dabei haben sie nicht Mitgefühl mit der Kreatur, sondern identifizieren sich mitleidend und ohne Erkennen dessen, was sein muß im Kampf des Daseins auf dieser Erde.

Die Erfahrung der Grenzen der Erwachsenen, auch von Vater und Mutter, tritt bei allen Kindern auf, wenn dies auch nicht gleichermaßen bewußt erlebt wird. Beim Verlust der kindlichen Allmachtsvorstellungen, wenn Kinder bewußt eigene reale Grenzen erfahren und wahrnehmen, wird um so mehr die Geborgenheit und der Kontakt zu dem als zunächst noch omnipotent gedachten Erwachsenen wichtig. Vater und Mutter sind dann fast gottähnlich gedacht. Als einem Zweijährigen geraten wurde, besser nicht von einer Mauer zu springen, weil er sich dabei verletzen könne, meinte er: »Mach nix ... Mama nähnäh ... «. Dies sollte bedeuten, daß seine mit den Händen geschickte Mutter schon alles wieder ins Lot bringen könnte.

Es gibt viele schlichte erwachsene Gemüter, die unbesonnen handeln und sich damit in schwierige Situationen verwickeln. Sie leben von der kindlichen Hoffnung, daß irgend ein guter Geist die Papa- und Mamafunktion wie beim Kleinkind übernehmen wird. Wenn dies nicht eintrifft, sind sie über die Mitmenschen enttäuscht, ist die ganze Welt schlecht, und sie bedauern sich selbst. Dann kann man häufig hören: »Ich hab' gemeint ... «. Es handelt sich hier um unentwickelte, in vielen wesentlichen Bereichen infantil gebliebene erwachsene Menschen. Es ist falsch, dies immer auf Intelligenzmangel zurückführen zu wollen. Häufig handelt es sich um die Fixierung in einer Entwicklungsstufe, da Unangenehmes und Belastendes in der Realität schlichtweg nicht gesehen werden will und darum verleugnet wird. Dies darf nicht verwechselt werden mit einem vertrauensvollen Optimismus bei Menschen, die trotzdem sehr wohl Situationen und Folgen bedenken und abwägen.

Kinder die früh eigene Entscheidungen über Altersgemäßes treffen dürfen, üben sich damit rechtzeitig im Auswählen, im Entschluß und auch im Wahrnehmen von Folgen. Peter riß in einem Anflug von Wut seinem gliebten Teddybären ein Auge aus, so daß er nun wirklich mißhandelt und nicht mehr schön aussah. Peters Eltern haben dies nicht einfach übergangen, vielmehr den armen Teddybären bedauert. Es wäre für Vater oder Mutter ein Leichtes gewesen, das Auge wieder einzusetzen und zu befestigen. Damit hätte Peter jedoch keine Lernerfahrung gemacht, und die Eltern wären weiterhin als die betrachtet gewesen, die für das Kind in jeder Hinsicht, auch für seine Fehlhandlungen, aufzukommen haben. Peter hätte damit keine Folgen seines Tuns erlebt. Dem Kind wurde auch kein schlechtes Gewissen gemacht, seine affektive Handlung nicht moralisiert. Man überließ ihm lediglich die Folge seines Tuns. Hierzu gehört jedoch auch von seiten der Eltern, daß sie dies aushalten können und nicht selbst dadurch gestört sind in ihren Ansprüchen und ihrer Ästhetik, wenn ihr Sohn einen wenig schönen und abgerissenen Teddybären mit sich herumträgt. Elterliche Eitelkeit ist oft grotesk!

Wer immer gegängelt wird, tut sich schwer zu lernen, was er selbst möchte und für richtig hält. Er lernt auch nicht Wirklichkeit und Zusammenhänge abzuschätzen und bleibt damit im Handlungs- und Entscheidungsbereich infantil. Beschützt zu werden und doch sich üben zu dürfen im eigenen Tun, sind für ein Kind und seine Entfaltung ein Glücksumstand. Für Eltern ist es die hohe Schule der Erziehung.

Wer infantil gehalten oder verwöhnt wurde und auch nicht selbst sich zur eigenen Initiative aufraffte, sucht die Fortsetzung des kleinkindlichen Milieus und Geführtwerdens auch nach dem Auszug aus dem Elternhaus und dem Kindesalter. Meist werden ein Partner/Partnerin oder Freunde gesucht, von denen man sich innerlich und oft auch äußerlich abhängig macht. Von Glück kann der sagen, dem Hilfe geboten wird in Form von Beistand aus dem Hintergrund, dem Ermutigung zuströmt als Hilfe zur eigenen Entscheidung. Dann läßt sich vieles nachholen. Voraussetzung ist jedoch das Bewußtwerden der bisherigen Fehlhaltung, der Flucht vor dem eigenen Erwachsensein. Häufig finden jedoch die Unselbständigen und Anlehnung Suchenden einen Ersatz für die bisherigen Autoritäten. Es gibt viele, die allzu gerne andere unter ihre Fittiche nehmen und sich dabei wohl fühlen, wenn sie anleiten und dominieren können. Sie geben sich vor den andern und meist auch vor sich selbst den Anschein der Fürsorglichkeit und caritativer Bereitschaft, ohne sich selbst bewußt zu sein, daß sie es lieben, zu dominieren. Es sind nicht wenige unter uns, die selbst dirigiert und gelenkt wurden, aber nun als Erwachsene endlich Dominanz erleben wollen. Dies ist möglich durch entsprechende Partnerwahl, indem man Bewunderer oder wenigstens in Teilbereichen Unterlegene sucht. Es läßt sich jedoch auch so arrangieren, daß man sich caritativ betätigt, sei es materiell, psychisch oder geistig. Dies kann bis in die Berufswahl hinein wirksam sein.

Herr und Frau P. hatten immer nur Kontakt mit Freunden, Bekannten und Verwandten gepflegt, wenn sie selbst das größere Auto hatten, das teurere Haus oder aber sich seelisch und geistig überlegen fühlen konnten. Sie waren immer hilfsbereit und freundlich, wagten sich jedoch nie auf die Ebene der sozial und geistig Gleichgestellten. Dabei waren sie sich ihrer Überlegenheitssuche und der damit verbundenen Bedürfnisse nicht im geringsten bewußt, lebten im Hochgefühl ihrer Menschenfreundlichkeit gegenüber all denen, für die sie zur Kontaktnahme bereit waren und auch in manchen Fällen durch Geschenke und Hilfsbereitschaft ihr Ansehen vor den andern und vor sich selbst bestätigten. Im Grunde hatten sie Angst vor der Auseinandersetzung mit Gleichaltrigen, Gleichrangigen und mieden alles, was ihr Selbstwertgefühl nicht aufwertete. Beide waren sie Einzelkinder und sind es ihr Leben lang geblieben. Ihr einziger Sohn, auch Einzelkind, brach aus dieser Lebenshaltung der Selbsttäuschung aus. Er vollzog das, was die Eltern nie gewagt hatten und fand auch Freunde unter Gleichwertigen, von denen er im Miteinandersein viel lernen konnte.

Es ist eine wichtige Phase, nach dem Verlust der eigenen Omnipotenzsicherheit nun auch den gesuchten Halt in den als allmächtig vorgestellten Eltern zu reduzieren. Erstaunlich ist, wieviele Erwachsene es noch als Einbuße am eigenen Ich erleben, wenn von ihren Eltern oder dem Elternhaus so gesprochen wird, wie man normalerweise Menschen sieht, nämlich mit den ihnen eigenen Grenzen und Schwächen. Als Frau M. mit einer Klassenkameradin zusammensaß und diese etwas von früher erzählte, fiel das Wort von dem »kleinen Wohnzimmer« des Elternhauses von Frau M. Sie erzählte in der Gruppenarbeit, wie sehr sie dies getroffen hatte, denn sie wollte selbst nicht wahrhaben, wie klein und eng in jeder Hinsicht ihr einstiges Zuhause war. Vor allem aber sollten dies andere Menschen nicht feststellen. In der Gruppe berichtete sie: »Ich habe darüber viel nachdenken müssen. Es ist mir schließlich aufgegangen, wie sehr ich mich mit dem kleinen Reihenhäuschen, auf das meine Eltern stolz waren, identifiziere. Bis heute trage ich diese Wertmaßstäbe in mir. Es ist mir nun klargeworden, warum für mich mein großes Auto wichtig ist, warum ich mich mit dem Haus, in dem ich jetzt wohne, identifiziere. Ich brauche immer jemanden und etwas, an das ich mich klammere und mit dem ich mich dann stärker fühle, so daß mein Ansehen wächst.«

Wer sich von den äußeren und inneren Anklammerungen an Menschen und Besitz löst, erlebt tiefgreifende Veränderungen seines Weltbildes und auch der Beziehung zum andern Menschen. Es wird nicht mehr in der Außenwelt agiert und gesucht, was im eigenen Innern gefunden werden muß. Dabei geht es nicht nur um die Suche nach dem Ich-Selbst, sondern damit verbunden auch nach einem tragenden Seins-Grund. Auch bei Kindern geht es nicht um Geschichten vom »lieben Gott« ähnlich den Kindererzählungen und den Märchen, die zweifellos in ihrer sinnbelebenden und Bild gewordenen Symbolik einen verborgenen Inhalt haben. Sie vermitteln uns in ihrer Symbolsprache von der Auseinandersetzung mit den Kraftfeldern in der Welt, von deren Mächten und Gewalten.

Früh schon erkennen erlebnisfähige Kinder die andere Dimension. Wenn das, was wir Gott nennen, vom Kind zunächst seiner Altersstufe entsprechend in Analogie zu den Eltern vorgestellt wird, bleibt dahinter doch für ein Kind klar spürbar eine Ebene, die darüber hinausreicht. Kinder erleben ahnend das, was mit Gott intendiert ist. Daß es Zwerge, Hexen und Geister in konkret leiblicher Weise nicht gibt, führt zu keinen Erschütterungen. Erstaunlich ist auch, daß Kinder mit Geborgenheitserlebnissen Abwehr entwickeln, wenn ihnen Gott als widerlicher, allmächtiger Aufpasser und Strafvollzieher dargebracht wird.

Nike war zu Besuch. Da es ihr langweilig war mit ihren vier Jahren und niemand mit ihr sich beschäftigte, unternahm sie eigene Entdeckungen. Ein Mann, der im Garten den Zaun strich, wehrte ihr ohne Erfolg. Um seinen Geboten und Verboten Nachdruck zu verleihen, fand er keine bessere Methode, als die seiner eigenen Mutter, nämlich den Herrgott als teuflischen Aufpasser zu Hilfe zu holen. »Gott sieht alles, was du machst, paß' nur auf, er wird dich strafen ...«. Nike sah zum Himmel hoch, wo gerade fröhliche Kumuluswolken dahinzogen. Sie meinte ganz trocken und ruhig: »Der soll nur aufpassen, daß er nicht über die Wolken herunterfällt, wenn er immer so aufpaßt ...«.

Ein solch primitiv vermenschlichter Gott wurde von dem Kind entsprechend menschlich beantwortet. Häufig werden Eltern dazu verführt, Kindern Gott vorzuenthalten oder ihn zu leugnen, wenn sie selbst in ihrer Entwicklung über Elternhaus, Schule oder Kirche in solch bedrängender Weise mit Gott konfrontiert wurden. Dadurch wird das eigentliche menschliche Anliegen, das schon im Kind sich zeigt, nämlich Antennen zu entwickeln für das, was eine über den Menschen hinausreichende Dimension aufweist, stark erschwert.

Ich beobachtete eine Fünfjährige, von der ich wußte, daß sie nur einen Nachmittag in einem kirchlichen Kindergarten zu Gast war. Die Kindergärtnerin erzählte damals die Geschichte von Hiob. (Kein geeignetes Thema für Kinder und ihre Beziehung zu Gott.) Als das Kind nach Hause kam, erzählte es nicht viel, zeigte die gemalten Bilder und war wie immer. Nach vielen Wochen hörte ich, als sie mit ihrer Puppe spielte, sie leise vor sich hinflüstern: »... hörst du denn nicht, was Gott zu dir spricht? ...«. Zutiefst war sie aufgewühlt, so daß dieses äußerst ausdrucksfähige Kind nicht in Worte fassen konnte, was in ihm vorging. Sie war voll Aufnahmefähigkeit für das, was man ihr von Gottes Allmacht erzählt hatte, jedoch zugleich auch beunruhigt über das, was mit Hiob geschehen war. Wie soll ein Kind auch verstehen, was den meisten Erwachsenen schwer verständlich ist?

Solche Erlebnisse eines Kindes sind von viel weitreichenderer Bedeutung als wir ahnen. Es gibt allzu viele Parallelen, die wir im erwachsenen Menschen wiederfinden. Wer von ihnen noch in seinen Allmachtsvorstellungen gefangen ist und den Entwicklungsschritt zur Eingrenzung und Realitätsfindung nicht vollziehen konnte, lebt in einer Art Selbstvergottung und Narzißmus und ist sich selbst genug. Die andern sind letztlich dazu da, ihm diesen Status aufrecht zu erhalten. Dementsprechend werden die Kontaktpersonen ausgewählt und gesucht. In dem Kapitel über die Omnipotenz sind solche Zusammenhänge verdeutlicht. Wer sich in Fixierungen der Ich-Entwicklung bewegt, stagniert in der sozialen Reifung. Er kommt auch nicht zu Erlebnissen, die über das eigene Ich hinausführen. Weltwirklichkeit und Kosmisches sind damit ausgeblendet. Das tägliche und reale Dasein vollzieht sich dann in einer vordergründigen Scheinwelt, die mit allen Mitteln aufrecht erhalten wird. Dahinter verbirgt sich viel Angst, die verdrängt und abgewehrt werden muß. Je mehr Wirklichkeit wir verleugnen, um so weniger vermögen wir unser Menschsein zu erfüllen. Die Antennen zum Weltganzen hin, zu dem, was hinter den sichtbaren Erscheinungen steht, verkümmern dann. Wer sich der Realität entzieht, kommt auch nicht zu sich selbst.

Normalerweise vollziehen sich die Schritte zum bewußten In-der-Welt-sein so, daß der Mensch immer mehr auf sich selbst gestellt wird, sich ablösen muß von Abhängigkeiten und extremen Schutzbedürfnissen. Das bedeutet, in sich selbst all das zu entdecken und zu fördern, was die analytische Psychologie das Selbst nennt. Es steht im Zusammenhang und hat Teil am kosmischen Selbst. Ein religiöser Mensch spricht hier von Gott. Da aber mit diesem Wort allzu viel Mißbrauch getrieben wurde und wird, gehen viele unter uns bei diesem Wort und dem für sie damit verbundenen Begriff in Abwehrhaltung über.

Die Existentialisten sprachen davon, daß der Mensch in die Welt geworfen ist und damit einsam und nur auf sich selbst gestellt. Sie wollten das Verlusterlebnis, das Zurücklassen von Elternersatzversuchen und regressiven Tröstungen zu einer Philosophie ausbauen, die das heroische »Trotzdem« dem Menschen abverlangt, das mit vollem Bewußtsein zu leisten ist. Unbewußt werden viele Entwicklungsschritte von der Kindheit an vollzogen und vom Kollektiv gefordert. In Philosophien und Weltanschauungen spiegeln sich häufig Entwicklungsstufen. Bei Phasen des Abbaus kindhafter Schutzbedürfnisse dominiert zunächst

Verlusterleben. Es muß etwas aufgegeben werden, das bisher eine positive, hilfreiche Funktion hatte. Wie bei allen Werdeprozessen ist zuerst etwas freizugeben, loszulassen, ein Sterbeprozeß einzuleiten. Danach wachsen die neuen Möglichkeiten. Beim Kind geht es meist um die Befreiung von infantilen Abhängigkeiten, die wenig Freiraum und Eigenständigkeit ermöglichen. Es ist ein gutes Stück Lebensweg zurückzulegen weg von dem Fremdgesteuertsein durch Autoritäten hin zum entscheidungsfähigen Ich-Selbst.

In welch totale Ichlosigkeit Kinder verfallen können, zeigt ein mir unvergeßliches Beispiel von einem Patienten. Als Kind mußte seine Mutter ihm immer sagen, an welchem Ohr beim Zuckerosterhasen er zu lutschen beginnen soll. Er konnte sich nicht erinnern, dies jemals selbst entschieden zu haben. Lieber ließ er den Hasen unberührt. Er fürchtete sich entsetzlich, etwas nicht ganz richtig zu machen.

Frau Q. erwartete von ihrem Mann stets Bestätigung und Absegnung bei allem, was sie tat, kaufte oder arrangierte. Wenn er etwas nicht guthieß, verlor sie sofort die Freude daran. Ihre eigenen Argumente hatten dann keine Gültigkeit mehr. Herrn Q. gefiel dies zu Beginn ihrer Beziehung ganz gut, wurde er doch in allem aufgewertet und zu einem objektiv gültigen Wertmaßstab. Mit der Zeit jedoch war ihm die mangelnde Eigenständigkeit und Beurteilungsfähigkeit seiner Frau lästig. Als intelligenter Mensch wurde ihm zunehmend bewußt, daß seine Partnerin sich nicht wie ein erwachsener Mensch verhält, und das ärgerte ihn. Nachdem er zum Allesbewerter hochstilisiert worden war, konnte er für sich selbst keinerlei Beratung und Hilfestellung erwarten.

Wo Menschen sich allen Widerständen von außen wie auch von innen entziehen, geht vitale Spannung und damit verbunden psychische Energie verloren. Über die Passivität wird dann alles zu überbrücken versucht. Es ist der Weg in eine passiv-genüßliche Lebenshaltung. Glück und Befriedigung sind damit nicht erreicht, weil auf diese Weise keine Lebensaufgaben erfüllt werden. Dies ist auch eine der Gefahren unserer Zeit, in der vielen vieles ermöglicht wird. Eine Revitalisierung im Sinne einer Aktivierung eigener seelischer Kräfte wird darum immer bedeutungsvoller für den einzelnen wie für die vielen. Im Grunde geht es dabei um die Überwindung von regressiven Kindheitsfixierungen.

Das Gegenstück zu dem kindlich fixierten Ferngesteuerten ist der zwanghafte Verneiner. Er muß grundsätzlich Gegenposition beziehen, ganz egal, was der andere vorbringt. Insofern ist er auch ein von der Außenwelt Gesteuerter, weil ihn sein Zwang zur Opposition zum Gegenteil führt von dem, was er vermeintlich anstrebt, nämlich eine ganz persönliche und eigene Stellungnahme. Die Neinsager leben in der Sorge, von den andern beherrscht zu werden, eine Vorstellung, die sie tief aufwühlt. Die psychologischen Anfänge zu solcher Konstellation sind in der Kindheit zu suchen und haben ihre Wurzeln im Trotzalter. Es wird ganz zu Unrecht so benannt; denn in dem kindlichen Bemühen um Übung hin zum eigenen Willen und persönlichen Standort kommen trotzartig anmutende Verhaltensweisen vor. Wer jedoch weiß, welch bedeutsame Entwicklungsstufe sich hier anbahnt, bewundert den Kampf der Kinder in ihrer Übung, einen eigenen Willen zu entwickeln. Es handelt sich nicht um oberflächlichen Trotz, vielmehr um eine existentielle Auseinandersetzung auf dem Weg zur Persönlichkeit. Wer kein sogenanntes Trotzalter durchlaufen und den bedeutsamen, mutigen Schritt der Auseinandersetzung mit dem geliebten Vater und der geliebten Mutter nicht gewagt hat, steht auf einer viel schwächeren Basis als die andern und hat einen viel weiteren Weg, gesunde, lebenswichtige Ich-Funktionen zu entwickeln. Die Fortsetzung des ersten Nein-Sagens vollzieht sich dann in der Reifezeit, verbunden mit der Differenzierung der Gefühlswelt, auch einer eigenen, ganz persönlichen Seinsebene. Die Ausreifung der in uns angelegten Willenspotenzen und der Gefühlsfunktion sind die wesentlichen Grundlagen für ein eigenständiges und kreatives Leben.

Die stets Verneinenden sind in dieser Entwicklung gestört worden. Häufig war es so, daß die hierzu notwendigen Übungen von seiten erwachsener Autoritäten bestraft wurden, weil keine Einsicht vorhanden war in das, was psychisch hintergründig sich meldete. Unterdrückte frühkindliche Willensübungen, ungelebte pubertäre Auseinandersetzungen führen bei manchen Menschen dazu, daß alle vitalen Kräfte aktualisiert werden, um dies nachzuholen. Wenn dies jedoch zur Dauerhaltung wird und ein erregtes, besorgtes Ich sich nicht mehr zu öffnen vermag für das, was von der Außenwelt und über andere auf es zukommt, tritt dadurch eine Neurotisierung ein. Kindliche Verhaltensweisen werden fixiert und die Realität kann nicht mehr altersgemäß aufgenommen und beantwortet werden.

Solche Menschen sind mit ihrem kindgebliebenen Teil geplagt. Sie vergeuden viel psychische Energie und taugen wenig zu Freundschaft und mitmenschlichem Miteinander. Ihre Oppositionshaltung wird den andern schnell lästig. Wie immer bei der Verfestigung von Fehlhaltungen sind dann »die andern an allem schuld«. Es mag durchaus zutreffen, daß in der frühen Kindheit unglückselige Konfrontationen mit andern Menschen stattgefunden haben. Dazu ist auch sinnvoll, dies zu erkennen und nachzuerleben, um psychische Energien in Gang zu bringen. Wir können jedoch nicht ein Leben lang auf diesem psychologisierenden, Entschuldigung suchenden »weil damals . . .« stehen bleiben und Schuldzuweisung zur Entschuldigung ummünzen. Im letzten Kapitel werden Möglichkeiten und Hilfen dargestellt, wie wir uns dem Kind von damals nähern können, mit ihm umgehen lernen.

Infantile Behinderungen prägen
das Verhalten

Wenn wir mehr ums Menschsein und um das verborgen
in uns Waltende wissen, durchschauen wir mit der Zeit
vieles, was wir oder der andere zurechtgelegt haben, ohne
bewußt die Hintergründe zu erkennen.

Frau C. ist geprägt durch ihre Unterordnung unter alle,
die ihr als Autorität erscheinen. Sie erkennt diese Infantilität nicht als ihre Ängstlichkeit vor einer Stellungnahme
oder einer Konfrontation. In ihrer Kindheitsfamilie hatte
sie viel Spannungen und Streitereien zwischen den Eltern
und auch der erweiterten Familie erlebt. Deshalb stürzt sie
sich auch heute noch bei jedem lauten Wort in Schlich-
tungsbemühungen. Ihre Verhaltensweisen, die zu viel
Scheinfrieden, verdrängten Spannungen führen und kaum
Lösungen ermöglichen, deutet sie als ihre Liebe zu Frieden
und Harmonie. Wir sind alle erfinderisch, wenn wir Frag-
würdiges in ethische Verkleidungen transponieren.
Herr R. ist ein streitsüchtiger, spannungsgeladener Mann,
mit dem niemand in Frieden leben kann. Er selbst beurteilt
seine Händelsüchteleien und Querelen als Reaktion eines
wackeren Mannes, der für das Recht einsteht und einen
geraden Weg zu gehen wagt. Er kompensiert sein ganzes
Leben lang schon die in seiner Kindheit erlittenen Unterdrückungen, Ungerechtigkeiten und Demütigungen.
Dabei ist er sich nicht bewußt, wie verletzt sein Kind von
damals ist und in welchem Maße es täglich sein Erwachsen-
leben bestimmt. Sein Kindheitsleid hat er verdrängt. Darüber redet er gar nicht oder eben in ganz sachlicher Weise.
Sein unterdrücktes Leid macht ihn zum Dauerstreiter, der
Kleinkram und Unsinniges zum Anlaß nimmt für totalen
Einsatz.

Herr T. hungerte als Kind nach Nähe und innigem Kontakt. Sein Mangelleiden an psychischer Intimität machte ihn schließlich scheu, weil er das kühle und gemütsarme Leben seiner Eltern als Ablehnung ihm gegenüber interpretierte. Seine Suche nach Nähe im andern und mit dem andern, das Erlebnis anzukommen, aufgenommen zu sein in einer Beziehung, sucht er nun in sexuellen Kontakten. Da er Nähe nur leiblich zu erleben vermag und in seinen vielen Begegnungen dann doch nicht in sein Menschsein vordringt, bleibt er weiterhin auf gieriger Suche, auf der Jagd nach dem, was erst in ihm selbst wachsen muß.

Es gilt nicht nur, unsere infantilen Lebensbehinderungen aufzuspüren, vielmehr geht es darüber hinaus darum, das Verlorengegangene, das in uns angelegt ist, einmal lebendig war und zu uns gehört, neu zu entdecken. Es ist das darbende, verhungerte Kind in uns, das leidet, weil früh schon wesentliche Anliegen des Menschseins nicht gelebt werden durften und verdrängt werden mußten. Wir sind uns alle bewußt, daß zunehmend Vereinseitigungen, technische Ausrichtungen das moderne Leben bestimmen und gravierende Veränderungen stattgefunden haben. Immer zwingender dominieren Rationalität, Nützlichkeit, Zweckdenken bis hin zur Bestimmung durch die Zahl und Mathematik. Aber wir beziehen solches Wissen noch nicht ein in unser persönliches Leben. Der einzelne fragt sich noch nicht selbst, wie wirkt dies auf *mein* Leben ein und welcher Bereich in mir wird vernachlässigt. Nicht geübte Funktionen bleiben unterentwickelt und werden damit zur minderwertigen Funktion. D.h. wer nicht fühlen darf, läßt seine emotionalen Fähigkeiten verkümmern und verkrüppelt in diesem Bereich; wer nur mit dem lebt, was über die Sinnesfunktionen erlebbar und erfahrbar ist, verlernt die Intuition und ist nicht mehr offen für den Einfall, der sich auf unberechenbare Weise konstelliert. Vieles ist aber in der Welt intuitiv erfaßt worden, und es gelang oft erst nach sehr langer Zeit, über bewußte Reflexionen zu belegen, was längst intuitiv formuliert worden war. In der Philosophie war schon früh über die Intuition der Zugang für solche Bereiche anerkannt worden, die über das rein rationale Erfassen hinausreichen. Je weniger wir ganzheitlich gefordert und angesprochen werden bzw. uns ansprechen lassen, um so mehr verkümmern psychische Funktionen und Möglichkeiten. Sie führen dann das Kümmerdasein von Ungelebtem. Dies erzeugt Disharmonien und erschwert oder verhindert eine glückliche Balancefindung. Dauerhaftes Beglücktwerden, gesunde Lebensfülle und damit die Vielfalt der Daseinsmöglichkeiten gibt es nur, wenn wir uns davor schützen, Teile unserer Psyche verkümmern zu lassen.

Es ist merkwürdig wie in diesem Jahrhundert sich in unserem Kulturkreis ein Chancenreichtum für den einzelnen entwickelt hat, sich Möglichkeiten realisieren lassen, die früher kaum einem Menschen zugänglich waren. Parallel dazu vollziehen sich jedoch Verarmungen intrapsychisch. Am meisten betroffen hiervon sind Kinder in einer gemütsarmen Umgebung. Sie vermögen nicht, sich selbst aus solcher Enge und Verarmung herauszuschälen. Stadtkinder und Kinder der Kleinfamilie sind auf sich allein gestellt. Zur Entwicklung brauchen sie jedoch nicht nur Hautkontakt und Näheerlebnisse, gute Worte und das Gefühl des Angenommenseins. Darüber hinaus benötigen sie Beziehungspersonen, die selbst Gemüt haben, die aus dem Reichtum des Herzens leben und Sinn haben für all das, was mit Vernunft, Sachlichkeit und Objektivität nicht zu erreichen ist. In der Begegnung mit solchen Menschen vermögen sie hineinzuwachsen und all das zu aktivieren, was in ihrem Menschsein angelegt ist. Kinder brauchen uns Erwachsene, aber wir brauchen sie auch.

Im Kontakt mit Kindern und Heranwachsenden erleben wir, sofern wir uns nicht dagegen sperren und Begegnen geschehen lassen können, ein Betroffensein in der eigenen Seele. Wir werden im Innern angerührt, weil wir vor

Augen geführt bekommen, was Kindsein und Jugend ist. Da wir alle Kinder waren und manches aus unserer Kindheit in uns weiterschwingt, haben uns die kleinen, werdenden Menschen etwas zu sagen und gehen uns im wörtlichen Sinne etwas an. Über Kinder werden wir in vielen Bereichen zu uns selbst hingeführt. Besonders bei eigenen Kindern im Mutter- und Vaterwerden bietet sich die große Chance, vieles aus der eigenen Kindheit aktiv aufzuarbeiten. Es ist eine Herausforderung, die alle unsere Möglichkeiten anspricht und vieles in Gang zu setzen vermag. Wir lernen dabei auch, mit uns selber besser umzugehen.

»Früher bin ich mit mir immer sehr streng gewesen und ohne Verständnis mir selbst gegenüber. Viel eher habe ich andere Leute verstehen können. Meine eigenen Bedürfnisse habe ich völlig übersehen und habe nur von mir gefordert. Nun ist mir klar geworden, wie ich mit mir selbst grob umgehe... gerade so wie es meine Eltern mit sich und mit uns Kindern getan haben. Mit meinen Kindern habe ich vieles gelernt und mit ihnen geübt, unser Leben anders zu gestalten.« Frau Y. hatte in der analytischen Arbeit erkennen gelernt, was Kindsein ist und was Kinder ihren jeweiligen Entwicklungsstufen gemäß an Freiraum, an Forderungen und an Hilfen brauchen. Damit hat sie das Mangelleiden in ihrem eigenen Werdegang erkennen und erfühlen gelernt. Sie konnte immer deutlicher die Auswirkungen bis in ihr Erwachsenendasein hinein wahrnehmen und erfuhr damit ihr bisher unbewußt wirksame Zusammenhänge. Als emotional befähigter und lebendiger Mensch vermochte sie vieles in den Alltag mit ihren Kindern zu übertragen und zu verwirklichen, aber auch für sich selbst entwickelte sie neue Gültigkeiten. Im Zusammenleben mit Kindern lernte sie Bedürfnisse zuzulassen und sie zum Ausdruck zu bringen. Sie lernte auf ihre Körpermeldungen zu achten und mußte nun z.B. Müdigkeit am Abend nicht mehr heroisch verleugnen und unterdrücken. »Zulassen lernen war mein erster Schritt. Danach konnte ich mich auch mir selbst zuwenden und ein Gefühl für mich selbst entwickeln. Ich bin nun viel lebendiger. Mein Körper erlebt alles viel klarer und deutlicher. Schon wenn ich einen Apfel esse oder in der Badewanne liege, ist alles anders. Ich spüre, daß ich lebe. Dabei habe ich gar nicht gewußt, daß ich über dreißig Jahre scheintod war . . .«.

Frau Y. wurde nun auch ihren ungelebten und bisher verdrängten seelischen Hunger gewahr. Sie träumte von einem blassen, schmächtigen kleinen Mädchen, das ihr Mitleid erregte. Im Traum nahm sie das im Wald herumirrende armselig anmutende Kind mit nach Hause in der Absicht, sich um es zu kümmern und es erst einmal richtig zu füttern. Im Wald, dem Symbol unbewußten Lebens, jenseits von der Bewußtseinswelt unseres täglichen Daseins, irrte dieses leidende Kind als Teil ihrer eigenen Persönlichkeit darbend umher. Als Frau Y. im Verlauf ihrer psychischen Weiterentwicklung wieder in Gefahr kam, über sich selbst hinwegzuleben, träumte sie erneut von einem Mädchen, das zwar weniger verhärmt war, jedoch nicht richtig gehen konnte. Es war ein warnender Traum, der mitteilte, wie sehr die Träumerin immer wieder gefährdet war, ihre Nachentwicklung zu stören, wenn ihr altes Verhaltensschema, sich selbst zu überfordern, sich teilweise wieder durchzusetzen vermochte. Wie alle Bewußtlebenden machte sie die bittere Erfahrung, daß überwunden geglaubte Prägungen und Fehlverhalten aus der Kindheit sich immer wieder auf neuen Ebenen und in anderen Bereichen meldeten und sich einschlichen. Bei ihren Kindern erkannte sie klar und deutlich, wenn etwas falsch lief oder störte. Reizüberflutung und Unruhe, Mangel an schlichter Intimität konnte sie schon in feinsten Reaktionen wahrnehmen. Jedoch bei sich selbst vermochte sie über die eigenen feinen Signale hinwegzugehen und reagierte hier weniger sensibel. Sie erzählte in der Gruppe von ihren Lernprozessen. Ihre kleine Tochter war ins Spiel vertieft, als ihre Oma anrief und mit ihr sprechen wollte, was dem Kind normalerweise Spaß machte. Aber heute war es anders. »Will nicht ... hab' keine Zeit ...« meinte die Kleine und spielte weiter. Frau Y. war selbst schon so weit, ihre Tochter nicht ans Telefon zu drängen und der Oma gegenüber Anpassung zu fordern, wie es ihr selbst als Kind immer ergangen war. Nun lernte Frau Y. neu im Erwachsenenalltag. Sie ließ sich nicht mehr aus rechtmacherischer infantiler und anerzogener Anpassung heraus am Telefon hinhalten oder zu Telefonaten verführen, die mit ihrem Zeitplan oder mit ihrem Wollen nicht übereinstimmten. Es gelang andern nicht mehr, sie in Gespräche zu verwickeln, wenn sie etwas anderes vorhatte und ihr eigener Plan gestört wurde. Sie brachte es nun auch fertig, ganz einfach nicht ans Telefon zu gehen. Immer deutlicher konnte sie unterscheiden, was sie selbst wollte und was sie für unwichtig hielt. Damit arbeitete sie die aus ihrer Kindheit stammenden Zwänge auf, Erwartungsanpassung zu leisten, dem andern Wunscherfüller zu sein und das, was man selbst will, als unwichtig oder negativ zu bewerten.

Als ich dieser Tage meinen knapp dreijährigen Enkel hütete, mußte ich ihm etwas verbieten, was ihm sehr viel Spaß bereitete, ihn aber gefährdete. Zunächst ignorierte er meinen Einspruch. Als ich ihm dann das Messer wegnahm, packte ihn der Ärger, weil ich seinen ganzen Plan und seine Funktionslust durcheinander gebracht hatte. Mit einem verachtenden Blick warf er mir »du Arschi-Omi« an den Kopf. Ich ging darauf nicht ein und bald lief alles fröhlich weiter. Nach zwei Stunden kam er und wollte irgend etwas Belangloses. Ich machte mich auf, um seinen Wunsch zu erfüllen und meinte so nebenbei: »Ich bin doch eine Arschi-Omi?« »Ach nein«, meinte er gedehnt und langsam. Dabei lachte er mich herzlich an. Mir kam in den Sinn, was in meiner Generation und auch noch heutzutage bei Menschen ausgelöst wird an Beleidigtsein, Entsetzen über ungehöriges Benehmen, Majestätsbeleidigungen, Moralisieren, Strafbedürfnis, wenn ein Dreijähriger seinen gar nicht unberechtigten Affekt äußert. Einsichtigkeit entwickelt sich erst spät und langsam. Auch die Art und Weise, sich Luft zu machen, wird allmählich erlernt, wenn man dazu nicht gezwungen wird, sondern in die Maßstäbe der Umwelt hineinwachsen darf. Das übermäßige Reagieren auf kindliche Deutlichkeit und altersgemäße Unkontrolliertheit finden wir gerade bei den Erwachsenen, die früh durch Dressur und Moralisieren zur Angepaßtheit gezwungen wurden. Diese damals verinnerten Maßstäbe und Richtlinien bestimmen auch heute noch Unfreiheiten bei solchen Menschen. Dies tut sich in kleinen, belanglos erscheinenden Äußerungen kund wie das häufige Fragen »Darf ich? . . .«, wo andere Menschen nicht fragen, was aber vom Frager als höflich empfunden wird. Auch das »Gestatten Sie? . . .« gehört in diese Linie. Zum Glück ist vielen von den heutigen Kindern mehr gestattet, so daß sie später sich nicht bei jedem Impuls erst fragen müssen, ob dies überhaupt erlaubt ist. Als der zweieinhalbjährige Vincent wegen Regen ins Haus verbannt war, sich fünf Töpfe aus der Küche holte, dazu Rührlöffel, Schneebesen und Bestecke, Nachtischschüsselchen und in seinem Spielzimmer ein Restaurant aufbaute, war ein hinzukommender Besuch sehr überrascht über das, was der kleine Mann durfte. Er fühlte dies auch und meinte, indem er weiterrührte, erklärend: »Weißt du, ich werde vielleicht einmal Koch.« Üben und lernen war für ihn Sinn und Grund genug für sein Tun. Damit hatte er völlig recht.

Vitale junge Menschen, denen zuviel verboten, die in ihrer Aktion und damit auch Kreativität viel gebremst wurden, entfalten oft Unruhe und Hyperaktivität in andern Bereichen, z.B. auf der Straße oder in der Schule. Häufig bleibt ein unbewältigter Rest, der ständig Agitationen fordert, wenn dieses Problem nicht aufgearbeitet worden ist. »Ich werde oft dazu getrieben, etwas zu machen, was im Grunde verboten ist. Dabei muß ich aufpassen, daß ich nicht in Bedrängnis komme. Meinem Freund hat dies fast das Leben gekostet. Ich stieg im Gebirge über eine abgrenzende Schnur, um einen Schritt weiter vortreten zu können für ein Foto. Mein Freund folgte mir, und es löste sich ein Stein, auf dem er stand, so daß er zehn Meter abstürzte. Glücklicherweise wurde er an einem größeren Felsvorsprung aufgefangen.«

Es sind oft banale Kleinigkeiten über die wir hinweggehen und die wir nicht des Überdenkens werthalten. Wer jedoch Hintergründe und weitreichende Zusammenhänge aufzuspüren vermag, lernt eine Menge von den Kindern. Vieles davon entdeckt er wieder beim Erwachsenen, wenn auch oft getarnt und verborgen.

Kinder, denen ihre Spontaneität und Mitteilung von Gefühlen nicht aberzogen wurden, müssen nicht trainieren, sich zu verleugnen. Dies hat einschneidende Folgen: Die Unterdrückung natürlicher Impulse führt nicht allein zu Mangel an Spontaneität und Lebendigkeit. Darüber hinaus belastet sich ein Mensch mit solcher Dressur und Verdrängung, so daß ihm dabei viel psychische Energie verloren geht, indem er sich selbst immer »unter Kontrolle« halten muß. Dies führt zu der Erfahrung, die persönlichen Gefühle und Gedanken seien nichts Rechtes, so daß man sich selbst in seinen Reaktionen als negativ bewerten muß. Wer seine eigenen Verhaltensweisen, seine Gefühle und Empfindungen, Beurteilungen und Gedanken zu verwerfen gelernt hat, kommt damit zu einer konstanten Infragestellung des eigenen Wertes. Bei vielen führt dies zu der Einstellung: Ich bin nichts – die andern sind alles.

Beim Erwachsenen ergibt dies eine pessimistische Dauerhaltung und das Bedürfnis, sich immer abzusichern, möglichst durch die Bestätigung von andern. Die Mutlosigkeit, den Mangel an immer neuen Entdeckungen und Erforschungen in den verschiedensten Lebensbereichen kennt nicht, wer aus sich herausprudeln und sich in eigener Lebendigkeit erleben durfte. Solche Menschen kennen keine Angst, wenn sie selbst etwas vertreten sollen, klare Stellungnahme und entsprechende Handlungen von ihnen erwartet werden. Sie wachsen zu inneren und auch äußeren Erfolgen hin, die Energien steigern und Vitalität zum Durchbruch verhelfen.

Frau W. schlug aus ihrem Mangel an Bestätigungserlebnissen der frühen Kindheit eine ihr angebotene leitende Tätigkeit zu übernehmen aus. Obwohl sie dazu hervorragende Voraussetzungen hatte mit fachlicher Qualifikation und entsprechender Erfahrung.

Herr St. war aufgrund seines fachlichen Könnens in eine Vorrangstellung aufgerückt. Nach einigen Monaten erkrankte er an chronisch rezidivierenden Magen-Darm-Störungen. Seine Kindheitsbarriere hemmte nicht nur sein Vertrauen in sich selbst, sondern auch seine vitalen Energien. Alles strengte ihn unendlich an, weil von ihm das verlangt wurde, was er nie hatte üben dürfen. Er hatte gelernt folgsam zu sein, Anpassung zu leisten, anderen Geltung und Beachtung zu zollen und auszuführen, was ihm aufgetragen wurde. Weil er sich in diesen Eigenschaften als sehr zuverlässig erwiesen hatte und er eine Menge an fachlichem Können besaß, stieg er in eine Stellung auf, bei der von ihm nun mehr verlangt wurde, nämlich selbständig Entscheidungen zu fällen, eigene Stellungnahmen zu verfechten und dabei sich unter Umständen mit andern zu reiben. Die nun auf ihn zukommende Verantwortung bedrückte ihn sehr. In entscheidenden Verhandlungssituationen wurde er zögernd und ängstlich. Seinen bisherigen Verhaltensmodi entsprechend hatte er den von andern Fachleuten vorgebrachten Problemen und Argumenten nichts entgegenzuhalten, weil er nicht gewohnt war, Argumente gegen die andern zu entwickeln. So kam es, daß er bei einem Projekt immer nur die Schwierigkeiten sah, die von andern dargebracht werden könnten. Er hatte keine Ahnung davon, daß er psychische Fehlentwicklungen wie einen Bremsklotz an den Beinen hatte und schob alles auf

Überarbeitung und geschäftliche Spannungen. Sein Körper und ein guter, die körperliche Symptomatik hinterschauender Arzt führten ihn in die Therapie seines Leidens. Er hatte ein Stück Weg zurückzulegen, bis er den Willen zur Bewußtmachung seiner ihm unbewußten Bedrückung aufbringen konnte und damit die Zuwendung zu seinem sehr zurechtgestutzten Kind in ihm, dem sehr die Flügel beschnitten worden waren.

Hinter den vermeintlichen Kleinigkeiten stehen große Folgen. Der Erwachsene ist sich im allgemeinen nicht bewußt, was er in einem Kind auszulösen vermag. Um ein Gefühl für den andern zu entwickeln, bedürfen wir der Verfeinerung von Wahrnehmungen bei uns selbst. Es ist wichtig und von entscheidender Hilfe, daß Kinder sich äußern dürfen und dies nicht verlernen müssen.

Als Marion in irgendeiner Situation gesagt wurde, ihr Verhalten sei gar nicht nett, kam ein ganz spontanes Weinen über sie. »Ich bin aber nicht böse...«. Davon war auch nicht die Rede gewesen, jedoch hatte die nachdrückliche Äußerung bei diesem stets unter Erwachsenen lebenden Kind das Gefühl ausgelöst, nun ausgeschlossen zu sein. »Die Großen halten immer zusammen...«, hatte sie ein anderes Mal geäußert. Dieses Beispiel zeigt, wie behutsam mit einem noch schwachen Ich eines Kindes umzugehen ist und wie schnell es sich abgewertet fühlt. Kinder fordern uns zu unserer eigenen Differenzierung auf. Es ist eine Kunst, den Kindern menschlich zu begegnen, auch etwas von ihnen zu fordern, ohne zu Insuffizienzerlebnissen zu führen. Entscheidend ist, wieweit wir selbst als Kind in der Begegnung mit uns Förderndes erfahren durften. Dann müssen wir weder um den kleinen Menschen werben und auch nicht zögern, ihm Grenzen zu setzen, noch uns selbst in Überlegenheit als den Stärkeren erleben. Wer in sich noch als schwaches Kind in seinen Handlungen und Begegnungen agiert, tut sich schwer im Umgang mit Schwächeren, nicht nur mit Stärkeren.

Was wir erlitten haben, an Verletzungen in uns tragen, kann und soll auch nicht vergessen werden. Nichts wird vergessen; alles hinterläßt Spuren in uns. Auch das, was aus unserem Bewußtsein entschwunden ist oder in der ganz frühen Lebenszeit noch gar nicht voll ins Bewußtsein treten konnte, ist in uns und prägt uns mit. Die heilenden, lebenfördernden Kräfte im Menschen bringen das in Gang, was wir Heilungs- und Reifungsprozesse nennen, wobei vernarbt und verwächst, was destruktiv und lebensfeindlich war. Wir müssen uns aber darüber im klaren sein: Leben heißt immer auch erleiden. Es gibt keinen Menschen ohne Narben, weil Lebendigsein Auseinandersetzung ist. Fixierungen auf infantiler Stufe treten dann ein und werden lebenshindernd, wenn die kindliche Fehlhaltung das Erwachsenenleben bestimmt. So entstehen Folgehandlungen, die immer aufs Neue Negatives produzieren. Dies gilt für alle Lebensbereiche.

In der Politik sind in der alten und neuen Geschichte kaum Menschen zu finden, die das Gesetz der Abläufe und Folgen von Demütigungen, Unterdrückungen, Rache und Aggressionen erkannten. Darum wurde überall auf unserer Erde unbedenklich und aktionslüstern mit der Machtausübung umgegangen. Tyrannische Forderungen, maßlose Ansprüche, Quälereien und Grausamkeiten programmieren unweigerlich den nächsten Zusammenstoß. Staatsmännisch klug und mit dem Bewußtsein allgemeinmenschlicher und auch historischer Erfahrungen wurde nicht gehandelt. Immer wieder beherrschen Primitivismen die Sieger. So zeigt es die Geschichte. Durch Mangel an Klugheit und Fairneß verfielen viele ihren Machtansprüchen und haben damit für die folgende Zeit ihre Erfolge untergraben. Auch im Privatleben des einzelnen können wir feststellen: Wer die Macht des Stärkeren unsinnig ausübt, schürt die Aggressionen beim andern und führt zu nie endenden Racheimpulsen. Auch in der Geschichte der kirchlichen Institutionen läßt sich dies verfolgen.

Kehren wir zurück zum zwischenmenschlichen Zusammenleben. Bei Unterdrückungen und Forderungen, die an Kinder oder junge Menschen gestellt werden, geht es selten um brachiale Gewalt und massive Zwangsmaßnahmen. Herr Z. wurde nie an die Geige geprügelt, aber als Kind lernte er früh, daß es kein guter Tag werden kann und ihm vieles verleidet wird, wenn er den gestellten Forderungen nicht nachkam. Dies wurde von ihm in solch radikaler Weise verinnerlicht, daß er später nach Abschluß seiner Ausbildung zum Geiger sich selbst nicht gestatten konnte, aus irgend einem Grund einmal eine Stunde weniger zu üben. Zwanghaft brav erfüllte er das inzwischen selbst aufgestellte Soll. Dabei behandelte er sich wie ein sehr strenger Lehrer. Seine Befriedigung war, eine an sich selbst gestellte Forderung erfüllt zu haben. Er bemerkte nicht, wie sehr er um die Schultern verspannt war, sich Rückenschmerzen einstellten und sein Musizieren immer freudloser und unlebendiger wurde. Als er sich vom erzwungenen Bravsein und seiner Angst, ohne Bravourleistung nicht geliebt zu werden, lösen konnte, übte er nicht weniger, jedoch übereinstimmend mit seinem inneren Befinden und seinem Gefühl.

In der psychologischen Arbeit wird oft deutlich, daß viele Menschen ihre Energie in ihrem Leben dafür aufwenden, sich durch Können, Wissen und Leistung Ansehen zu verschaffen. Die Sorge, Angst und tiefe Beunruhigung um den Selbstwert treibt manche zu einem Energieeinsatz, der zuweilen an Selbstzerstörung grenzt. Solche Mitmenschen kennen nicht die satte Selbstzufriedenheit, die häufig eine Selbsttäuschung ist, hinter der ebensoviel unbewältigte Kindheitsangst steht wie hinter der Flucht ins genüßliche Leben. Auf dieser Welle finden sich viele, die in der ständigen Lustsuche ihre tiefergründige Un-befriedigung und Beunruhigung mit tröstenden Bonbons vergessen wollen. Die sich schonen und den Einsatz scheuen, leiden verborgen unter der Sinnlosigkeit genüßlichen Lebens. Ein Siebzigjähriger erzählte mir einmal, wie armselig seine Jugendjahre waren und wieviel Hunger er gelitten hatte. Ein gutes Vesper, meinte er, war damals schon etwas ganz Besonderes. Er lachte vor sich hin und meinte: »Ja ... heute könnte ich mir leisten, den ganzen Tag gut zu essen und mir am Tag drei Schnitzel zu gönnen, aber ich darf es nun aus gesundheitlichen Gründen nicht. Das ist schade.« Er war über die Beglückungsnormen seiner armseligen Kindheit und Jugend nicht hinausgewachsen und hätte gerne auf dieser Ebene fortwährend nachgeholt, um sich befriedigt zu fühlen. Über seinen einstigen aufgezwungenen Verzicht war er noch nicht vorgedrungen zu dem, was Hungerjahre uns lehren. Eine Siebzigjährige, die in den Kriegszeiten viel hungern mußte und dabei auch gesundheitlich Schaden erlitten hatte, resümierte anders: »Ohne meine Hungerjahre hätte ich nie mit vollem Bewußtsein zu essen gelernt. Eine Scheibe Butterbrot ist für mich immer etwas Köstliches geblieben, und täglich satt zu sein, erfüllt mich mit viel Freude.« Ob sie vielleicht ein wenig altmodisch sei in ihrer Lebensfreude, die aus Alltäglichem gespeist wird, meinte sie. Auch wenn es nicht »Mode« ist, sich am Banalen und kleinen Dingen Daseinsfreude aufzubauen, zeugt dies doch von Lebenskunst und Weisheit, beides sind gute Voraussetzungen zum Glücklichsein.

Es ist erstaunlich, wie wenige Menschen sich an dem, was ihnen der heutige Wohlstand beschert hat, erfreuen und dies bewußt in ihr Leben einbeziehen können. Ebensosehr verwunderlich ist, wie wenige wissen, was sie können, in ihrem Leben zu Wege gebracht haben, wo gute Begabungen oder Fertigkeiten ihnen zur Verfügung stehen. Das führt dazu, daß sie sich stets unterschätzen und sie nicht den ihnen entsprechenden Selbstwert erleben. Die Vergleiche mit andern sind meist ganz unsachlich und falsch gewählt. Die Freude am eigenen Können wurde nie vermittelt. Man kann schlicht sagen, daß viele allzu wenig von sich selbst wissen und unter falscher Selbstbewertung leiden. In Gruppenarbeit ist mir immer wieder aufgefallen, wie wichtig es ist, wenn die Gruppe dem einzelnen Teilnehmer an der richtigen Stelle ihre Anerkennung ausspricht und fehlgeleitete Bewertungen korrigiert. »Ich weiß nicht, was aus mir geworden wäre, wenn ich in deinen Schuhen gesteckt hätte.« Oder: »Daß du ein solch gutes Familienleben aufbauen konntest, ist bei deinem Schicksal eine große Leistung und sagt aus, was du aus eigenen Kräften aufzubauen vermochtest.« »Wo nimmst du so viel Herz und Gemüt her, frage ich mich, wenn ich daran denke, wie kalt und lieblos deine Kindheit verlief. Du mußt ja eine Menge Kreativität in dir haben. Ich an deiner Stelle wäre kriminell geworden.« Solche Aussagen von denen, die den andern in seiner Not, seiner Symptombildung und den damit verbundenen Fehlschlägen miterleben und erkennen durften, sind von Bedeutung.

Für das Kind, das wir waren, ist es wichtig, zu hören und zu erfahren, daß manche Strecke und sogar mancher Umweg nicht zu verurteilen, sondern zu verstehen sind, vielleicht sogar vor andern Anerkennung finden. Uns selbst fehlt oft ein objektivierender Überblick, weil wir zu nahe bei uns selbst sind. »Als ich letztes Mal nach der Gruppensitzung nach Hause ging, konnte ich mich besser leiden.« Auch wenn Negatives dargebracht wird und einzugestehen ist, wo Versagen war, ist doch das Bekenntnis vor den andern und damit verbunden der Schmerz und die Trauer schon der Weg in die richtige Richtung, nämlich zum Überwinden des Vergangenen hin zum Bemühen um den andern neuen Menschen in uns, auf den wir zugehen wollen.

Meine Erfahrung zeigt, daß all die Therapie und Gruppenarbeit anderer Methoden mit Hautkontakten und Umarmungen, mit Liebesbeteuerungen und suggestiven Versuchen, die innere Nähe des andern zu erreichen, bestenfalls vorübergehende Animierung bringen. Es ist etwas viel Tieferreichendes, immer mehr von der Gewordenheit des andern, seinen Nöten und auch von seinen Fehlentwicklungen teilnehmend zu erfahren. Dabei geht es um mitfühlende Wahrnehmung, die immer auch das Kind von einst entdeckt und ihm dann bewußt Hilfe leisten kann.

Weil sehr viele nur die äußeren Daten ihres Lebensverlaufs im Bewußtsein tragen, ist es nicht verwunderlich, wenn wir auch unsere noch in uns unbewußt fortwirkenden Befürchtungen und Beängstigungen in uns haben, vor denen viele flüchten, jedenfalls alles vermeiden, was dies sichtbar und spürbar werden lassen könnte. Dazu gehört auch zu vermeiden, mit sich selbst konfrontiert zu werden. Man meidet dann Situationen, in denen wir uns selbst begegnen oder mit uns selbst beisammen sind. Das führt dazu, daß man mit sich nichts anzufangen weiß und auch so wenig wie nur möglich einen Abend oder gar einen ganzen Tag am Wochenende mit sich selbst zubringen möchte. Die Flucht in die Arbeit und Geschäftigkeit bleibt immer noch, auch wenn dahinter nur Schein-Notwendigkeit steht. Anders ausgedrückt heißt dies, daß es wenigen möglich ist, zu sich selbst liebevoll und um sich besorgt zu sein wie für einen guten Freund. Mit sich selbst etwas genießen zu können, mit sich alleine zur Ruhe zu kommen, eine Be-friedigung zu erfahren, gelingt wenigen. Dahinter stehen mehrere Zusammenhänge. Hinter der Flucht vor sich selbst versteckt sich die Angst des Verlassenheitserlebnisses, das Kind, das nicht allein sein will im Haus. Beim Erwachsenen ist damit verbunden auch die Flucht vor sich selbst. Man vermeidet, den eigenen kindlichen Verhaltensweisen zu begegnen. Sonst müßte man dann zwangsweise mit sich ins Gespräch kommen. Die Verführbarkeit und Ablenkung ist in unserer Zeit besonders groß. Schließlich bleibt immer noch der Fernseher. Aber wo bleibe ich? Im Verlauf einer Therapie meinte eine Patientin: »Ich kann mich nicht erinnern, einmal bei mir zu Hause mit mir einen gemütlichen Abend zugebracht zu haben. Meist arbeitete ich dann wie unter Zwang oder ich ging weg. Das war eine bedrängende Unruhe und ohne jeden Sinn. Ich vermied allein sein wie ein Kind, das Angst hat vor Einbrechern. Jetzt ist dies anders. Ich kann schnurren wie eine Katze, wenn ich in meinem bequemen Sessel sitze, stricke und dabei Musik höre. Ich genieße es, einen Abend lang Fotos einzukleben oder zu lesen. Manchmal lege ich mich eine Stunde in die Badewanne. Was mir in dieser Wärme und Ruhe schon alles aufgegluckert ist! Nun habe ich Zeit, meine Gedanken und Gefühle kommen und gehen zu lassen. Nach solchen Abenden bin ich entspannt wie nach einer Woche Urlaub.« Bisher hatte diese Sechsunddreißigjährige alles in ihrem Programm, nur sich selbst nicht.

Ihre kindliche Angst vor den Einbrechern war nicht so absurd, wie sie vermutete. Ängste konstellieren Bilder aus dem Unbewußten. Jenseits ihres Bewußtseins bestand ganz zu Recht Beunruhigung. Wenn solche Menschen mit sich allein sind, könnte tatsächlich etwas einbrechen, aufbrechen, vor dem sie im bisherigen Lebenslauf davonliefen. Diese Patientin hatte viel kindheitsgeprägte Fehlhaltungen aufzulösen. Dies ist zwar nicht immer einfach, aber es ist auch beglückend und stärkt die psychische Energetik. In einem Omnibus hörte ich einmal, wie ein Mann zu einem andern sagte: »Nein, Donnerstag können wir uns nicht treffen. Da habe ich meinen Tag mit mir. Den brauche ich.« Es gibt auch Paare, die ihren festen Tag für ihre Zweisamkeit und ein ganz bewußtes Miteinander haben. Während die einen die Vielfältigkeit der Angebote in unserem Jahrhundert zu nützen und zu lernen haben, aus ihrem Versteck sich hinauszuwagen, ist von den andern gefordert, sich abzugrenzen, um nicht ins Funktionieren abzugleiten, eine Erscheinungsform bei innerem Leerlauf. Manche rennen auch der Zweisamkeit davon, weil sie schon Nähe und die damit verbundene Art von Kontaktnahme ängstigt.

Während die einen in Unternehmungen und schlichte Kontakte flüchten, suchen andere Schutz im Verstecken.

Herr W. war ein extremer Einzelgänger. Obwohl man in seine Wohnungsfenster nicht hineinblicken konnte, hatte er doch dicke Vorhänge, die er auch zuzog, weil ihn das Gefühl, nicht gesehen werden zu können, sehr befriedigte. Um seinen Garten, der nicht sehr groß war, nahmen ringsum hohe Hecken und Bäume viel Platz und Licht weg. Alles zeigte, daß er nicht gesehen werden wollte. Andere Menschen mit weniger Versteckzwängen fühlten sich in dieser Einengung nicht wohl. Man hätte aus diesem Garten viel gestalten können. Wer sich aber verstecken muß, ist behindert, auch in seiner Kreativität. Herr W. verhielt sich wie jemand, der Angst hat, entdeckt zu werden. Dies wirkte sich nicht nur in der Gestaltung seines Lebensraumes aus, sondern auch in seinem Begegnen mit andern. Er war sehr freundlich und höflich, auch hilfsbereit. Dies war für ihn wichtig, denn er wollte ein gutes Bild vor den andern zeigen. Hinter seinem Versteckspiel verborgen war die Angst, wirklich als das wahrgenommen zu werden, was er ist, mit all seinen Vor- und Nachteilen. Er war sich seines Ehrgeizes und seiner Bemühungen um sein gutes Image nicht bewußt. Sein Untadelig-sein-wollen und der Wunsch, nicht gesehen zu werden, war von seinem Kinder-Ich geprägt, das sich als Einzelkind der Aufsicht der Eltern kaum entziehen konnte und ein Star-Kind sein sollte. Hinzu kam, daß die Lebenshaltung der Eltern von extremen Leitbildern geprägt war, die sich jedoch im Image vor der Welt erschöpften. Darum zog man auch in diesem Elternhaus immer die Vorhänge zu und vermied alles, andern Einblick zu bieten oder gar sich ganz schlicht als Menschen mit Problemen erkennen zu geben. Aus diesem mehrfach geprägten Versteckbedürfnis war Herr W. fünfzig Jahre nicht herausgekommen. Denn er hatte keine Beziehungen zu andern aufgebaut, die ihm ehrlich und kritisch hätten begegnen können. Freunde in diesem Sinne hatte er nicht. Sein Kindheits-Ich hatte ihn in eine schreckliche Vereinsamung geführt, die er aus seinem Versteckbedürfnis heraus brauchte, unter der er jedoch auch litt. Im Schlaf träumte er von einem Garten, der eine Wildnis war. Der Träumer hatte Mühe, durch Sträucher und dichte Hecken hindurch zum Ausgang zu finden. Sein realer Garten, in dem er lebte, war sehr gepflegt. Wie könnte es auch anders sein bei seinen Image-Zwängen. Aber in seinem Innern war er am Ersticken, weil Hecken und vermeintliche Schutzpflanzen ihm den Lebensraum wegnahmen. In seinem geträumten Garten konnte man weder Blumen noch Gemüse anpflanzen. Die erste Aufgabe war, vieles herauszuhacken, Bäume zu fällen und Platz zu schaffen für Luft und Licht. Beides sind hier die Symbole für bewußtes Erkennen und Wahrnehmen von Wirklichkeit. Der Traum sagte deutlich, daß viel aufgegeben werden muß von dem, was vorher wichtig war. Der Sterbeprozeß steht immer am Anfang von neuen Entwicklungen. Es klingt sehr banal: Ohne seinen Garten zu ändern und sichtbare Umgestaltung seines Lebensraumes hätte er keine tiefgreifenden Veränderungen zuwege gebracht. Sie verhalfen ihm sehen zu lernen. Parallel dazu geht natürlich die intrapsychische Veränderung, die sehend macht und nicht zuläßt, sich im alten Zustand wohlzufühlen. Dadurch entsteht die Dynamik zu Neugestaltungen.

Wenn wir zusammenfassen, können wir feststellen, dieser Mann hatte das entwickelt und eingeübt, was man braucht, um sich ein gutes Image zu schaffen: Höfliches Benehmen, nach außen gerichtete Freundlichkeit und caritative Gesten, berufliche Tüchtigkeit. Sein Haus war in der Außenansicht gepflegt, sein Auto nie richtig schmutzig, seine Kleidung immer angepaßt und ordentlich. Im Bild für die andern war er keineswegs auffallend. In seiner innerseelischen Wirklichkeit sah es anders aus. Eingemauert hinter seinem infantilen Schutzbedürfnis, das in seinen hohen Gartenmauern, den wuchernden Sträuchern, die ihn für die andern unsichtbar machen sollten, sichtbar wurde, lebte er wie ein Maulwurf in seinem Versteck, wie er einmal träumte. Psychisch war er ohne Bewußtheit über sich selbst und seine Lebensweise und die Fortsetzung kindlicher Reaktionsweisen, die von den Elternleitbildern abgeleitet waren. Es ist psycho-logisch, daß er keine Partnerin fand, denn er fürchtete sich vor Nähe und Kontakt mit solchen Menschen, die von ihm in der Begegnung etwas verlangt hätten.

Wie alle, die von ungelebtem Leben und mangelndem Einsatz für das eigene Ich-Selbst gezeichnet sind, hatte er nicht nur Ängstlichkeiten, sondern auch eine chronisch depressive Verstimmung. Fröhlichkeit kannte er nicht oder nur flüchtig von der Oberfläche her. Mit der Unterdrückung eigener Lebendigkeit verkümmern auch die kreativen Fähigkeiten im Menschen. Es stellt sich mit der Zeit eine Sterilität ein, die sich in vielfältiger Weise ausbreitet.

Herr W. war lahm und lebte in Stereotypien. Auch im geistigen und beruflichen Feld fand er kaum über das Alltägliche und Bekannte hinaus. Die Einfälle und neue Gedankengänge mußten in seinem Geschäft die andern bringen. Er war ein guter Ausführer. Es ist darum nicht verwunderlich, im inneren Wohnbereich seines Hauses festzustellen, daß er nichts aus den vorhandenen Möglichkeiten seines Häuschens gestaltet hatte. In den Wohnräumen war das äußerlich hübsche Haus primitiv und zeigte den Mangel an Differenziertheit und Kreativität dessen, der darin wohnte und lebte. Dies entsprach völlig seiner Persönlichkeit, die nie die Mühe auf sich genommen hatte, in bewußte Lebensgestaltung hineinzuwachsen.

Intelligenz und emotionale Erkenntnisse waren bei Herrn W. durch das Gestrüpp seiner Fixierungen nicht hindurchgedrungen. Erst ein emotionaler Schock, eine Krankheit, führte ihn zum Nachdenken und Nachfühlen über seine Lebensweise und zu der notwendigen Betroffenheit, die ihm die Nachricht aus seinem Unbewußten ermöglichte. Die soziale Reifung ist nicht nur wichtig für die Beziehung und Verantwortung im Hinblick auf andere Menschen. Im ersten Kapitel wurde schon darauf hingewiesen, daß es sich dabei nicht nur um caritatives Verhalten im Sinne von schenken, geben und Gut-sein-wollen handelt. Dies ist ein zu kindliches Verständnis der sozialen Tat. Zum Wesen der Spezies Mensch gehört seine Soziabilität und die Erfüllung eines Minimums an Zuwendung und Hingabe an die andern Menschen. Herr W. hat sich ausgeklammert und nur zum Schein sich nach außen angepaßt und »sozial« verhalten. Im Verlauf seiner Gesundung an Leib und Seele lernte er auch die soziale Verantwortung für sich selbst zu übernehmen. Er führte sich und sein ängstliches Kind, das zusätzlich noch die Eltern nachgeahmt hatte, heraus aus Fixierungen und lernte im Kontakt mit andern zu leben. Nun hatte er Zeit für das gemeinsame Turnen im Betrieb. Er nahm wieder Kontakt auf zu einem früheren Schulkameraden, besuchte seinen Kollegen und spielte mit dessen Kindern, die er manchmal einen Nachmittag hütete. Er lud sogar Menschen zu sich ein, ohne, wie er früher meinte, etwas Teures und Besonderes bieten zu müssen, vielmehr ganz einfach zu Salat und Würstchen.

Den Gegensatz zu den ängstlich Versteckten, die sich den andern entziehen, bilden die Enthemmten, die Grenzenlosen und Expansiven, die über alles hinweggehen können. Wir wissen aus den vorhergehenden Kapiteln, wie sehr ihre Scheingröße vom Kinder-Ich der Omnipotenzphase geprägt ist. In früheren Zeiten waren solche Menschen, denen immer auch soziale Reife und damit die Fähigkeit zur Verantwortung fehlt, im Bereich ihrer nächsten Umgebung belastend oder gefährlich. Ihre Auswirkungen blieben auf den privaten und den persönlichen Arbeitsbereich beschränkt. In unserer heutigen Zeit jedoch öffnet sich Tür und Tor für solche Menschen ins Kriminelle. Nur ein paar kleine Beispiele sollen dies andeuten. Wer nachts heimlich Giftmüll fährt und an verbotener Stelle auskippt oder die gefährlichen Abwässer einer Fabrik in den nächsten Fluß leitet, wer Gefahr bringende Chemikalien für die Landwirtschaft oder bei uns verbotene Arzneimittel in die

Dritte Welt verkauft, alle diese Beteiligten wirken mit an der Zerstörung und an einer weltweiten Katastrophe. Zur Soziabilität bedarf es einer gewissen Liebesfähigkeit, die sich nicht nur auf meine Allernächsten bezieht, für die ich Verantwortung zu übernehmen bereit bin, weil ich damit selbst betroffen bin. Oft kam mir der Bauer wieder in den Sinn, der für seine eigene Familie Kartoffeln immer anders düngte und behandelte, als die zum Verkauf bestimmt waren. Das Schwein und Kalb, das in seine Gefriertruhe wanderte, wurde anders gefüttert und ohne chemische Zusätze, Hormone und Arzneimittel großgezogen.

Die Grenzenlosigkeit des Machbaren ist unsere Gefährdung und läßt den einzelnen schuldig werden, macht ihn zum Komplizen der Zerstörung. Auch die Städter mit ihrem kindlichen sorglosen Umgang mit dem Wasser bei nachgewiesener Grundwasserverknappung und mit dem übermäßigen Gebrauch und Verbrauch von umweltbelastendem Material gehören hier genannt. Viele verwechseln ihre infantile Unbekümmertheit mit Großzügigkeit, ohne zu erkennen, wo die Sinnlosigkeit und verschwenderische Lebensweise zu entsprechenden Folgen führt. »Weißt du, daß man Wasser nicht verschwenden darf? Und wenn wir zwei große Joghurtbecher kaufen statt jedem einen kleinen, braucht man weniger Plastikzeug...«, sagte ein Achtjähriger eines Tages, als er von der Schule nach Hause kam.

Selbsttäuschung und Versteckspiel:
Die Wirklichkeit als Orientierung

Nur wer sich um Bewußtsein bemüht, kann seine Selbst-
täuschungen mit der Zeit erkennen lernen, d.h. zu durchschauen, was sich vordergründig in uns kundtut und sich
als Wirk-lichkeit dahinter verbirgt. Wir sind alle geneigt,
uns vor den Wahrheiten in der Welt zu fürchten, speziell
aber dann, wenn dies unser persönliches Leben berührt. Es
ist ein Merkmal des Erwachsenen und des gereiften Menschen, vor dem, was Realität ist, nicht zu flüchten. Dies ist
eine besondere Art von Tapferkeit, nämlich dem ins Auge
zu sehen, was uns schmerzt und unseren Wünschen, Erwartungen und Bedürfnissen entgegensteht. Damit ist
immer verbunden der Abbau von Illusionen und Projektionen, von Wunschbildern und Umdichtungen, die wir
aus unseren bewußten oder häufig unbewußten Wünschen
heraus uns zurechtgezimmert haben.

Bei Kindern ist die Haltung einer gewissen Verleugnung
von Tatsachen und Beängstigendem ein biologischer
Schutz, weil in der Phase der Kindheit die Voraussetzungen noch nicht vorhanden sind, Lebenswirklichkeit zu bestehen und zu beantworten. Eine teilweise Verdrängung ist
in dieser Entwicklungsstufe notwendig und stellt für das
Kind eine positive Möglichkeit dar, Abwehr im Sinne eines
notwendigen Selbstschutzes zu üben. Hier hat die Verdrängung eine positive Funktion, während sie den erwachsenen
Menschen gefährdet. Viele von uns wissen nicht, in welchem Ausmaß sie in diese kindliche Verhaltensweise der
Flucht und Schutzsuche noch eingebunden sind.

Die vierjährige Nike hatte gehört, daß ein Kind seine
Mutter verloren hatte. Sie machte sich darum Gedanken
darüber, wie sie eine solche Situation lösen könnte. Das

probeweise Durchspielen von Reaktions- und Verhaltens-
möglichkeiten gehört zu den wesentlichen Übungen für die
Bewältigung von Schwierigkeiten. Da Nikes Vater viel ge-
schäftlich absorbiert und unterwegs war, suchte sie nach
einer Lösung, um die Angst des Verlassen- und Alleinseins
zu überwinden. »Wenn die Mami nicht mehr da wäre,
ginge ich zu Tante Marina.« Nachdem sie nun von den
Unsicherheiten des Daseins und der damit verbundenen
Instabilität des gegebenen Zustandes gehört und erfahren
hatte, dachte sie gleich weiter, denn das Bedürfnis nach
Sicherheit ist ein menschliches Grundanliegen, das vor
allem in der Zeit der Schutzlosigkeit und eigenen eingeschränkten Möglichkeiten berechtigt eine große Rolle
spielt. Nike setzte darum ihr Spiel mit der Lösungssuche
fort. »Wenn Tante Marina nicht mehr da wäre ...? Dann
ginge ich zu Omi.« Nach einer Weile und kurzen Pause
kam dann: »Und später ging ich schauen, ob die Mami
vielleicht wieder nach Hause gekommen ist.« Aus solchem
Beispiel ist abzulesen, wie bedeutungsvoll es für Kinder ist,
von wohlwollenden Verwandten und Erwachsenen außerhalb der kleinen eigenen Familie mitgetragen zu sein. Kinder wissen auf ihre Art und mit Hilfe ihrer Intuition, wer
tragfähig ist für den andern Menschen.
    Die fünfjährige Corinna hatte von einem Kind gehört,
dessen Eltern geschieden und deren Kinder zwischen den
Eltern aufgeteilt worden waren. Sie machte sich nun Gedanken darüber, was eine Scheidung ihrer eigenen Eltern
für sie für Folgen haben würde. »Mami, wann macht ihr
scheiden?« »Wir scheiden uns nicht. Wir bleiben beisammen.« »Wenn ihr euch aber nicht mehr mögt und nur
noch streitet?« »Dann überlegen wir, wie wir es besser
machen können.« Corinna war damit noch nicht zufrieden
und mußte gründlich nach einer Lösung suchen. »Also die
beiden Kleinen müßten wohl zu dir, Mami, weil sie halt
noch klein sind. Und weil wir Papi nicht ganz allein lassen
könnten, müßte ich zu Papi.« Da Kinder zu ihren Gedan-

ken und Gefühlen wenig Distanz haben, wurden diese Vorstellungen wirklichkeitsnah erlebt und wühlten das Kind
stark auf. Die Möglichkeit, daß sie eines Tages nicht mehr
alle beisammen sein könnten, löste starke Trennungsängste
und existenzielles Betroffensein aus. Damit war ein Bela-
stungsgrad erreicht, der von der Fünfjährigen nicht lange
ausgehalten werden konnte. An diesem Punkt der Bedrohung setzte der kindliche Schutzmechanismus ein. »Ich
bleibe einfach bei dem, der in unserem Haus und unserem
schönen Garten bleibt.« Haus und Garten sind in solchem
Zusammenhang Symbole geschützten Lebens und Wachs-
tums.

Vincent bewunderte und beachtete gelegentlich die wei-
ßen Haare seiner Großmutter. »Du hast Silberhaare«, sagte
er liebevoll. Nach einer kurzen Weile kam mit dem Ge-
sichtsausdruck deutlichen Unbehagens »Silberhaare sind
schön . . . aber das ist blöd . . . das ist ganz arg blöd!« »Warum ist das blöd?« »Da stirbt man bald.« Da die Omi geliebt
war und an diesem Abend gerade zusammen mit den zwei
Enkelkindern ein trautes Beisammensein im Gang war,
störte die Schwester der Gedanke, die Großmutter bald zu
verlieren. »So ein Quatsch! Siehst du denn nicht, daß die
Omi auch noch andere Haare dazwischen hat? Dann stirbt
sie auch nicht bald.« Nike setzte ihre ganze kindliche Logik
ein, um das Bedrückende abzuwenden.

Ein bedeutsames und angstauslösendes Erleben in der
Kindheit sind Verlusterlebnisse, mit denen die Angst vom
Verlassenwerden verbunden ist. Daß Erwachsene oft noch
wie in der Kindheit reagieren bei der Vorstellung, allein zu
sein, erklärt uns, warum sinnlose Partnerschaften und
Ehen kein Ende finden. Das Kind nimmt immer viele Formen von Leiden in Kauf, weil es ohne den andern sich
allein nicht am Leben erhalten kann. Bei Erwachsenen fehlt
oft das Bewußtsein, daß sie aus diesem Zustand der Le-
bensgefährdung durch Verlassenwerden herausgewachsen
sind. »Heute ist heute . . . « formulieren dann die Gruppen-

mitglieder, wenn sie bei einem Teilnehmer bemerken, daß er in seiner Kinderangst reagiert und nicht um seine erwachsenen Fähigkeiten und Lösungsmöglichkeiten weiß. »Ich verstehe nicht, warum ich mich viele Jahre quälen ließ und mir und den Kindern damit viel Schaden zufügte. Ich bin jetzt wie von einem Alptraum befreit. Warum habe ich mir keine Lösung zugetraut?« Dieser Frau fiel dann ein, daß ihre Mutter immer als letzten Trumpf ausgespielt hat, davonzulaufen und die Kinder allein zu lassen, wenn sie nicht folgsam sein würden. Die Patientin hatte in der Angst gelebt, ihr Partner verläßt sie, wenn sie nicht seinen Erwartungen entsprechend sich verhält. Das in der Kindheit erzwungene Liebsein blieb in ihr in masochistischer Weise wirksam.

Bei Frau P. schlugen die Anpassungsforderungen an die Eltern-Ideale nach jahrelanger Bravheitsbemühung um in eine Oppositionshaltung. Mit 18 Jahren begann sie immer das zu tun, was ihre Eltern schockierte: Wechsel im Beruf, Auffälligkeiten im Erscheinungsbild und unverbindlicher Konsum im Sexualbereich waren das Ergebnis der pervertierten Unfreiheit von den Elternwünschen. In vielen Freizügigkeiten und extremen Verhaltensweisen wirkt ein Oppositionsgeschehen. Dann lebt die Folgegeneration exzessiv das, was die Elterngeneration verdrängte und nicht in normaler Weise zu leben vermochte.

Die Suche nach Ersatz für Mangelerlebnisse aus der Kindheit bleibt mitunter ein Leben lang bestehen. Frau Sch. war Einzelkind. Beide Eltern hatten wenig Antennen für das, was ein Kind ist und lebten recht beziehungslos. Die Tochter machte keinerlei Schwierigkeiten und alles ging seinen Weg. Erst im Erwachsenwerden zeigte sich, was dieser Kindheit gefehlt hatte. Frau Sch. war ein unfroher und kontaktarmer Mensch. Von sich selbst hielt sie nicht viel, obwohl sie ein hübsches, begabtes junges Mädchen war. Weil sie nie wahrgenommen und von niemandem als Wert erlebt worden war, konnte sie keinen

Selbstwert entwickeln. In ihrer Ehe wurde sie wie von den Eltern nun von ihrem Ehemann geführt und gesteuert. Auch in dieser Zeit kannte sie keine Freude und muffelte sich durch den Tag. In der Gruppenarbeit erfuhr sie, daß sie die Minderwertigkeitsgefühle ihrer Eltern auf sich übertragen hatte und immer voll Zweifel war, wenn ihre Träume die noch verborgene Lebendigkeit ihres Wesens signalisierten. Nach ihrer Scheidung traf sie auf einen Menschen, der in seiner Liebesfähigkeit erspüren konnte, was in Frau Sch. unerlöst und verborgen war. Über diese Begegnung lernte sie sich selbst wahrzunehmen und entwickelte erstmals in ihrem Dasein Lebensfreude. Daß ihr Ehepartner sie wegen einer andern Frau verlassen hatte, war ihr Glück. Dadurch kam sie in die Gruppenarbeit und fand den neuen Partner, der ihr nicht die Fortsetzung der Abhängigkeit von den Eltern bot.

Die Ablösung von Vater und Mutter vollzieht sich oft nur äußerlich. Meist dauert es wenige Jahre, bis in einer Partnerschaft alte Gewohnheiten und Prägungen bei beiden auftauchen. Die Unzufriedenheit in solchen Beziehungen der überholten Rollenspiele und Wiederholungen vom Kindheitsmilieu wird meist nicht eingestanden. Oft besteht der Zwang zum Glücklichsein, denn äußerlich fehlt es an nichts. Das materielle Wohlergehen wird manchmal zum Hindernis für das innere Bemühen um mehr Bewußtheit über sich selbst. Allzuviel Wunscherfüllung macht satt und träge. Es kommen immer mehr zu unserer Gruppenarbeit, denen äußerlich alles gut läuft, die keineswegs krank oder gestört sind. Sie suchen ein bewußteres Leben.

Herr B. wäre nie in der Sprechstunde aufgetaucht, wenn ihn nicht seine Ängste geplagt und getrieben hätten. Er hatte eine erfolgreiche akademische Karriere durchlaufen, eine Ehe, mit der man zufrieden sein konnte. Doch hatte er vor allem Angst, daß man nicht lenken und manipulieren kann, wo man sich dem Leben überlassen muß: Gewitterängste, Angst vor Herzinfarkt und vor der Gefährlichkeit des Lebens schlechthin. Als kluger Mensch erkannte er klar die Unberechenbarkeit des Daseins und die Tatsache, daß man nicht für alle Eventualitäten sich absichern kann. Seinen Vater hatte er schon als Kleinkind durch einen Unfall verloren. Seine Mutter lebte nun in ständiger Sorge, den Sohn auch zu verlieren, der ihr ganzer Lebensinhalt war. In ihn projizierte sie alle Wünsche und Hoffnungen hinein. Als sensibles Kind übernahm er ihre Ängste und hatte den tiefen Wunsch, der verlassenen Mutter Wunscherfüller zu sein. Während sein Bruder sich von ihr distanzierte und sich nicht zum erweiterten Wirkungsbereich machen ließ, wurde Herr Sch. zum »lieben Sohn«, an dem die Mutter Wohlgefallen hatte, wie sie sagte. Interessant ist diese Formulierung aus der Bibel. Sie rückte sich dabei in die Gottesnähe und vollzog auch eine Vergottung des Sohnes. Der Bruder ging in die Opposition und wurde um so waghalsiger, je mehr die Mutter Ängste entfaltete und ihn eingrenzen wollte. Beide Söhne hatten Schwierigkeiten in der Selbstfindung, gingen jedoch entgegengesetzte Wege. Partnerschaftsprobleme und Schwierigkeiten mit Frauen beim Jüngsten, Herzneurose und Ängste beim Ältesten. Der Verzicht auf Eigenleben und die Überangepaßtheit von Herrn Sch. gründeten auf Ängste vor Liebesverlust. Es ist die Bedrohung, zur Strafe von der Mutter dann ausgeschlossen zu werden aus der innigen Zweisamkeit. Von ihr akzeptiert und gelobt zu werden, war sein größtes Anliegen, ohne daß er darum wußte. Auch nach dem Tod dieser fordernden und dominanten Mutter war sie noch lange im Sohn als eine Art Über-Ich-Instanz wirksam. Nachdem sie sich von der Unberechenbarkeit des Lebens bedroht gefühlt und Ängste entwickelt hatte, war es für den sensiblen Sohn Grund genug, sich auch zu fürchten und entsprechende Sicherungen aufzubauen, nämlich zwanghafte Schutzbedürfnisse und extremes Verlangen nach Absicherung.

Daß er damit stets die Anerkennung seiner Mutter erhielt, war ein Nebenprodukt von großer Wirkung. Wo wenig Ich-selbst sich entwickeln konnte, ist das Verlangen nach Lob und Bestätigung durch die andern außerordentlich stark und drängt oft zu kompensatorischen ehrgeizigen Leistungen. Hinter der Leistungsgesellschaft steht nicht nur die Freude am Können und an kreativen Ergebnissen, sondern auch Angst.

Das Gut- und Liebseinwollen ist ein existentielles Anliegen eines Kindes. Die Bejahung seines Daseins und damit das Angenommensein als Mensch unter Menschen ergibt den Selbstwert, der wie aus einem Zentrum heraus mitsteuert und in allem mitbestimmt. Lieben heißt, jemanden oder etwas in seinem Wert zu erkennen und in innige Beziehung zu diesem Wert gelangen zu wollen, weil er für das eigene Wertsein bedeutungsvoll ist. Für den werdenden Menschen ist es von kleinauf wichtig, von andern als Wert erlebt zu werden, d. h. anders ausgedrückt, jemanden etwas zu bedeuten oder geliebt zu werden. Aus dieser Intention heraus erfolgt in ganz natürlicher Weise ein Sozialisierungsprozeß. Um geliebt zu werden und von den andern nicht ausgeschlossen zu werden, wollen wir lernen, so zu sein, daß unsere Beziehungen nicht gestört werden.

Wenn Kindern ein zu kleiner Freiraum eingeräumt wird, kommen sie früh in Konfliktsituationen und damit in Beängstigungen; denn ein liebes Kind zu sein und von Mutter und Vater in diesem Sinne bestätigt zu werden, ist für Jahre ein Grundanliegen, das heißt, in Identifikation mit den geliebten Menschen zu leben. Die Angst vor Abweichungen der vorgegebenen Modelle und Forderungen ist weniger wegen der zu erwartenden Strafe groß. Diese vermögen viele Kinder ganz gut auszuhalten. Viel schwerwiegender ist die Angst darin begründet, aus der Beziehung ausgeschlossen zu werden, abgelehnt zu sein. Alle Menschen, auch die Erwachsenen, reagieren stark auf Wertverluste, vor allem wenn sie die eigene Person betreffen.

Aus solchen tiefreichenden Zusammenhängen läßt sich

verstehen, wie sehr die verinnerten Modelle aus unserer Kindheit übernommen werden müssen und ihnen nachzueifern ist. Von ihnen her bestimmen sich die Schwerpunkte und die Zielsetzungen wie auch unsere Reaktionen und unser Handeln.

Das Lieb- und Gutseinwollen mit all seinem Bemühen und der damit zusammenhängenden Anpassung, der Verinnerlichung der geforderten Normen ist unkritisch und von der Naivität eines unmündigen Kindes geprägt. Es fehlen nicht nur die intellektuellen Voraussetzungen, sondern auch die Erfahrungsgrundlagen zur Bewertung dessen, was vom Kind gewünscht oder verlangt wird. Konflikte entstehen dann, wenn Kinder in der Anstrengung »es recht zu machen« sich selbst zu sehr überfordern und Wesensmäßiges oder Phasenspezifisches unterdrücken müssen.

In welchem Ausmaß solch kleinkindhafte Reaktionsweisen sich im Erwachsenen erhalten können und immer wieder eingesetzt werden, wenn ernste Dinge anstehen, dringt wenigen ins Bewußtsein. Ein häufiges Beispiel bieten uns Eheschließungen mit Alkoholikern und Süchtigen in allen Bereichen. »Wenn er erst ein gutes Zuhause hat und jeden Abend seine Frau auf ihn wartet, die sich um ihn kümmert, wird er keinen Alkohol mehr brauchen und nicht mehr in die Kneipe müssen.« Oder: »Ich werde dann auch arbeiten, und es wird bei uns keine finanziellen Schwierigkeiten geben. Franz hat schon gesagt, daß ich das Geld verwalten soll.« Aber Franz machte Schulden und verspielte in seiner Spielsucht noch mehr Geld als bisher, weil Miete und Nahrung durch den Verdienst seiner Frau gewährleistet waren.

»Frieder wird nicht mehr jeder Frau nachrennen, wenn er erst eine Familie hat und genug Zuwendung für sich erlebt. Er ist kinderlieb und sucht eine feste Bindung, ein Zuhause, was er nie gehabt hat.« Frieder wünschte sich tatsächlich eine Frau, die ihm Kinder- und Familienglück schaffen konnte, was er in seiner Kindheit nie erleben durfte. Er aber wollte sein Leben und sich selbst nicht einbringen und nicht ändern. »Männer sind halt so . . .«, meinte er, als er von seiner Frau auf seine vielfältigen Kontakte mit Frauen angesprochen wurde. Er ahnte nicht, daß er von einer unentwickelten Anima, seiner weiblichen Seite in sich selbst, beherrscht wurde und ihm gerade darum die Entwicklung zum Mann nicht gelingen konnte. Hinter allen Frauen und im Sexualakt suchte er in regressiver Weise Zuflucht und Verschmelzung mit der Mutter, die ihn tief enttäuscht hatte. Seine Kindheitsnot, Mangel an Erlebnissen von Mütterlichkeit und Zuflucht beim andern Menschen, vor allem aber seine unentwickelte Gefühlswelt, machten ihn süchtig nach Verschmelzung und Frauen. Er war ein Getriebener, der auch in der Sexualität keine Erlösung fand. Dabei agierte er in der Außenwelt, was er in sich nicht entwickeln konnte, die Ablösung aus seinen Kindheitswünschen und die Entwicklung der eigenen Psyche durch Differenzierung seiner intrapsychischen weiblichen Anteile. Nur in solcher Polarität vermag sich der Mensch aus Einseitigkeit und Abhängigkeiten zu lösen.

Alle hier kurz skizzierten Beispiele zeigen, in welch kindlicher Weise der Wunsch zu lebensentscheidenden Taten führte, ebenso die Vorstellung, ein wenig heile Welt würde ausreichen, um tiefgreifende Störungen einer Persönlichkeit zu beheben. Dabei darf nicht übersehen werden, daß die sich dabei selbst zugedachte Helferrolle von großer Bedeutung ist. Eine Aufgabe zu finden, sich selbst liebend hingebungsvoll einzubringen mit dem Hintergrund des tiefreichenden Sinnes, einen geliebten Menschen vor der Selbstzerstörung zu bewahren, bietet neben den Mühen solchen Unterfangens zunächst die Hoffnung auf Sinnerfüllung und damit auf ein Glück, das jenseits von oberflächlichen Zufriedenheiten und Genüßlichkeiten den Menschen in seiner Tiefe anrührt. Letzten Endes wollen wir, auch wenn das Bewußtsein hierfür verloren gegangen ist, Sinnerfüllung in unser Leben einbringen. Wir wollen darüber hinauswachsen, nur den Tag zu bestehen. Das Anliegen des Liebesfähigen bringt ihn in große Gefahr, wenn es sich um infantiles Lieben- und Geliebtseinwollen handelt, ohne die Wachheit des erwachsenen Liebenden und ohne die Rücknahme unserer Wunschprojektionen.

Wer Süchtigen und schwer Gestörten in kindlicher Weise helfen will, wird meist zum Co-Alkoholiker, Co-Neurotiker usw. In den naiven Helferrollen wird man zum Partner der Sucht und der zerstörenden Kräfte, weil die verborgenen Hintergründe beim andern und auch in einem selbst unbewußt bleiben und damit nicht überwunden und verarbeitet werden können. Es gibt heute viele Bücher und hilfreiche Gruppen, die zu Erkenntnissen führen, uns bewußter werden lassen im Umgang mit Menschen, denen wir glauben, beistehen zu müssen.

»Warum habe ich immer wieder mit Menschen Kontakt, bahnen sich Beziehungen an, die mich in die Helferrolle treiben? Der normale Mensch ist mir im Grunde ziemlich langweilig. Trotz sehr interessanter Gespräche ist mir Peter nicht wichtig geworden. Ich hätte eine Menge von ihm lernen können. Er ist ein Mann, wie ihn sich andere zum Heiraten wünschen. Ich konnte seine Liebe nicht erwidern.« Dies berichtete eine Achtundzwanzigjährige in der Gruppenarbeit. »Bei Peter hättest du keine Überlegenheitsrolle gehabt und hättest nicht die Illusion der Retterin pflegen können.« Ein anderes Gruppenmitglied meinte: »Du hast ja auch Neigungen und Verhaltensweisen, mit denen du nicht zurechtkommst. Vielleicht geht es dir, wie es mir lange Zeit ging. Durch meine teilnehmende Hilfe am andern, mein Mitschwingen bei meinen Freunden, konnte ich mich ganz gut von mir selbst ablenken. Seit ich in der analytischen Gruppenarbeit nun auch noch etwas von psychologischen Zusammenhängen weiß, durchschaue ich bei andern vieles sehr schnell. Aber das Psychologisieren ist bei vielen der Trick, sich selbst auszublenden. Ich stelle mir darum den Beruf des Psychotherapeuten als schwierig und seine eigene Person als gefährdet vor.« Die Gruppenmitglieder haben zusammenfassend klar herausgestellt, daß erst der Abbau der eigenen Problemhaltungen und Wünsche den andern davor bewahren, nicht zur Aufarbeitung der anstehenden persönlichen Agitationen mißbraucht zu werden. Die Selbsttäuschung führt zum Mißbrauch des andern, was oft in Gegenseitigkeit sich abspielt. Man spricht auch von der Neurose zu zweien. In solchen Beziehungen, wo jeder sich im andern sucht, vollzieht sich viel Selbstbefriedigung unter Vorgabe falscher Tatsachen und unerkannten Egoismen. An diesem Gruppenabend kam noch etwas zur Sprache, das auf derselben Linie lag und uns alle zum Lachen brachte, weil Herr G. nicht nur sehr mutig und offen sein, sondern über sich selbst lachen konnte. »Wenn meine Frau einen Mantel oder sonst etwas für sich brauchte, war ich immer froh, weil ich ihr dann zeigen konnte, wie großzügig ich bin und was sie für einen tollen Mann hat. Zum Mantel schlug ich noch einen Schal zu kaufen vor. Ich ging dann ganz gerne etwas über unsere Budget-Verhältnisse hinaus, und für mich meinte ich, natürlich schlauerweise ganz im Stillen, wie sehr ich doch meine Frau liebe und daß sie es hoffentlich auch merken soll. Wenn der Mantel dann von andern bewundert wurde, fühlte ich mich zuständig und getätschelt. Eines Tages nach einem kleinen Streit sagte mir meine Frau, daß sie eine gewisse Summe jeden Monat vom Monatsgeld auf die Seite legen wolle, um sich dann ihre Kleider damit kaufen zu können. Es sei ihr so lieber, weil sie dann sich viel mehr berechtigt und nicht beschenkt fühlen müsse, wenn sie ein Kleid oder sonst etwas brauche. ›Dann bist du nicht der große Macher und ich nicht das Kind, das vom Papi etwas bekommt.‹ Zuerst habe ich mich sehr mißverstanden gefühlt und war verletzt. Schließlich ist mir aufgegangen, daß meine kluge und fühlige Frau völlig recht hatte, wenn sie sich nicht mehr als Spendenempfängerin fühlen wollte. Mir

ist klar geworden, daß Schenken, Spenden und auch Großzügigkeit unter vielen Aspekten zu betrachten ist.«

Speziell mit dem »Gut-sein-wollen« und der damit zusammenhängenden Aufwertung für sich selbst wird viel
Selbstbetrug getrieben. Zu entziffern, was wir wirklich
wollen und was unsere Spiele vor uns selbst und selbstver-
ständlich auch vor den andern sind, ist nicht einfach, vor
allem wenn niemand da ist, der dies durchschaut.

Herr E. »muß« übers Wochenende mit seinem Freund in
die Vereinshütte fahren, weil dort einiges herzurichten ist
für ein bevorstehendes Vereinsfest. Er ist überzeugt, daß er
dies als Freundschaftsdienst zu leisten hat. Dabei gesteht er
sich selbst nicht ein, daß er gerne am Abend dort sein will,
wenn nach Einbruch der Dunkelheit dann fröhlich gebe-
chert wird. Ohne Mühe verdrängt er unter der Vorgabe,
ein Freund und Helfer zu sein, wie leicht es ihm fällt, Frau
und Kinder, seinen Nächsten, die Freundschaft zu verwei-
gern. Dabei ist entscheidend, daß diesem Mann nicht allein
in dem erwähnten Beispiel die Klarsicht fehlt, wie er mit
sich und den andern umgeht. Er, der »gute Kumpel«, ahnt
nicht, daß er auf der Stufe jungenhafter Kollektivbedürf-
nisse steht und zum Einzelkontakt und zur individuellen
Beziehung noch kaum hingefunden hat.

Frau F. wollte immer ein guter Mensch sein. Dies hatte
sie und ihre Geschwister vorgelebt und zelebriert bekommen, nämlich daß es das Edelste ist, das Image des guten
Menschen zu haben. Sich für andere einzusetzen und in
dieser Hinsicht sich zu opfern, galt sozusagen als Familien-
signum. Alle Geschwister hatten wie der Vater einen sozialen Beruf erlernt und überboten sich gegenseitig an guten
Taten, ohne sich dieses ehrgeizigen Wettbewerbs bewußt
zu sein. Nach außen zeigten sie das Bild eines edlen Fami-
lienkollektivs. Wie sie aber innerhalb dieser Gruppe miteinander umgingen, ist im Ausmaß der verborgenen, hin-
terhältigen Aggressionen und gegenseitigen Tyranneien
kaum zu beschreiben. Die nach außen sanft und leise er-

scheinende Mutter tyrannisierte Mann und Kinder mit ihren Idealansprüchen, die sie an jeden stellte. Der Vater wollte nie als ein Mensch mit Kummer und Problemen erscheinen und ließ darum niemand wissen, daß er aus diesem Kampffeld seiner Familie gelegentlich ausbrechen mußte, weil es für ihn unerträglich wurde. Die Kinder kämpften kräftig mit im Gerangel ums Gut- und Edelsein. Die verdrängte Kehrseite davon, all die ungelebten menschlichen Bedürfnisse, Auseinandersetzungen und Aggressionen, wirkten sich, gerade weil sie unterdrückt und ihnen keine natürliche Daseinsberechtigung zugestanden wurde, um so hinterhältiger und intensiver aus. Untereinander nie offen zu sein, niemals ehrlich zu sich selbst und dem Allzumenschlichen in sich stehen zu lernen, wurde täglich geübt und auch über die Leitbilder dieser Eltern verinnert. Alles lief ganz unreflektiert ab, die Ideal-Ich-Vorstellungen wurden gepflegt, und vor der Wirklichkeit waren die Augen verschlossen. Als die älteste Tochter schon auf ihr siebzigstes Lebensjahr zuging, liefen diese Mechanismen der Selbsttäuschung genauso wie vor fünfundsechzig Jahren ab. Ein Beispiel soll dies verdeutlichen. Die Tochter F. lebte ohne Partner. Eines Tages schrieb sie einer Vertrauten, wie froh sie sei, nun an Weihnachten einmal ganz für sich allein sein zu dürfen, was sie sich schon lange gewünscht habe. Einmal nicht für andere dasein und Weihnachten gestalten zu müssen, würde ihr eine große Erleichterung sein. Zwei Tage später erzählte sie am Telefon, daß sie für die Weihnachtszeit ein junges Paar zu sich eingeladen habe. »Wo sollen sie denn hin an Weihnachten? Es blieb mir doch nichts anderes übrig.« Sie stellte dies als ihre caritative Pflicht dar, was ihr nun zwei Tricks auf einen Schlag ermöglichte. Die Vorstellung, mit sich allein in Ruhe und Befriedigung Weihnachten feiern zu können, wurde von ihr unbewußt angezweifelt. Sie fürchtete ihre Unfähigkeit, ihr eigenes Leben zu gestalten und dabei in ein leeres, depressives Loch zu fallen. Dies konnte sie sich jedoch nicht eingestehen, weshalb sie sich eine vermeintliche menschliche Pflicht suchte. Zugleich konnte sie damit wieder ihr Ideal-Ich befriedigen und sich ohne Insuffizienzgefühle gut fühlen.

Die Wirklichkeit konnte sie weder bei ihren inneren psychischen Abläufen erkennen, noch in der äußeren Lebenssituation der beiden eingeladenen jungen Menschen. Während sie die gütige, helfende Großmutter spielte, wobei sie die »Groß«-Mutter auch verdrängte, konnte sie in ihrer Ich-Bezogenheit nicht erfassen, was tatsächlich für die beiden jungen Menschen anstand. Sie hätten sich beim einen oder andern für die Weihnachtstage treffen können. Dazu war finanziell und auch räumlich alles gegeben. Es wäre gut für die beiden gewesen, auf sich allein gestellt zu sein, selbst ein Fest zu gestalten und in die Möglichkeit zu finden, Gespräche miteinander zu führen, die tatsächlich anstanden, wie auch Frau F. hätte wissen müssen. Außerdem hatte die junge Frau, die mit ihrem Partner eingeladen war, eine Mutter, die allein lebte und sich vielleicht an Weihnachten über einen Besuch der beiden jungen Leute gefreut hätte. All dies fiel Frau F. nicht ein. Sie lebte in der selbstbefriedigenden Vorstellung, den jungen Menschen, nicht sich, zu einem schönen Weihnachtsfest zu verhelfen.

Solche Menschen sind empört und voll Abwehr, wenn man ihnen versucht anzudeuten, was hinter ihren »guten Taten« steht. Sie bauen sich eine Scheinwelt auf, in der sie nicht gestört sein wollen und die sie bis zum Äußersten verteidigen. Zur inneren Ruhe und Lebensbejahung, zum Be-friedigtsein finden sie aber nicht. Sie sind entweder von Angst geplagt, wie alle geängstigt werden von ungelebtem Leben, von nicht zugelassenen Teilen der Persönlichkeit. Unruhe, Unstetheit und häufig auch psychosomatische Störungen bis hin zur Depression gehören zum psychischen Bild solcher Menschen. In der Psychotherapie kann verfolgt werden, daß hinter körperlichen Krankheiten, hinter Leerlauf und Unruhe sich viel Angst verbirgt, die entsteht, wenn nicht gelebt und verwirklicht werden darf, was zu diesem Menschen und seinem Leben gehört. Auch Depression ist immer getragen von einer Haltung, in der gegen das eigene Ich-Selbst gelebt wird.

Ungelebtes Leben und verdrängtes Menschlichsein sind bei Frau F. all die Aggressionen, die sie in ihren Edelmutszwängen überdeckte, sind ihre Egoismen, die sie sich nicht zugeben will und mit vielen schönen Verkleidungen in ihren Lebensablauf einschleuste. Hierher gehören ihre Eitelkeiten, ihre Machtansprüche gegenüber ihren zu Schützlingen Auserwählten. Sie wollte ihnen etwas geben, materiell und auch psychisch, dafür beanspruchte sie jedoch auch viel für sich. Das durfte nur keiner bemerken. Die Angst vor der Wahrheit ist für uns alle bedrängend, und wir fürchten sie.

Für manche stürzt eine Welt, nämlich ihre mühsam aufgebaute Scheinwelt, zusammen, wenn sie etwas von ihrer Schattenseite erkennen, worunter wir psychologisch abgelehnte und verachtete, verdrängte, infantil gebliebene psychische Bereiche verstehen. Wer ein wenig Bewußtsein zuläßt, kann bei sich selbst beobachten, wie gerade das, was wir nicht in unser Leben hineinwirken lassen und realisieren wollten, sich oft auf die merkwürdigste Weise meldet. Im Älterwerden hatte Frau F. ihre Mutter in ihrer Scheinheiligkeit und zersetzenden Bösartigkeit in der Familie erkennen gelernt. Nichts wollte sie weniger als werden wie diese Mutter. In Teilbereichen hatte sie sich auch von ihr befreien können und neue Wege gesucht. Warum sie aber von dieser Mutter und ihrem Einfluß nie ganz losgekommen war, lag daran, daß sie in ganz wesentlichen Verhaltensweisen, ohne es zu wissen, vom Leitbild dieser Mutter geprägt, sich ebenso verhielt wie diese. Sie trug sie in sich und wurde sie darum nicht los. Dies bestimmte ihr Dasein und ihren Alltag. Der Kampf um die Befreiung von diesem sie von kleinauf dominierenden Menschen brachte wenig Erfolg, weil sie als Introjekt die erlernten Verhaltensweisen und Ich-Ideale auch nach dem Tod der Mutter in sich trug. Es half ihr nichts, in der Außenwelt gegen vieles anzukämpfen und gegenteilig zu lösen, was bisher Mutter-Kindheitsprägung und Familienkodex war. Was wir in der Außenwelt angehen können, ist immer viel leichter als Intrapsychisches zu lösen, das der Erlösung bedarf und zur Befreiung hin zum eigenen Ich-Selbst führt.

Herr T. hatte einen ähnlichen Entwicklungsgang, man könnte auch sagen, Behinderungsweg hinter sich. Seine Darstellung vor den andern zeigte genau, wie es um ihn stand. Sein Garten, das Äußere seines Häuschen war immer in einem tadellosen Zustand. »Man hat doch schließlich Verantwortung für seinen Besitz.« Auch hier sehen wir wieder, wie mit der Verantwortung gespielt und getrickst wird. Das Haus von Herrn T. war jedoch innen in einem bedauernswerten Zustand. Gerade ein Zimmer war so wohnlich, daß er darin jemanden empfangen konnte. Alle andern vier Räume waren ungestaltet und unwohnlich, rein nach praktischen Zweckmäßigkeiten ausgerichtet. Er hatte keinen Sinn entwickelt fürs Wohnliche, Behagliche und hatte auch keinen Wunsch nach etwas Schönem. Dies entsprach ganz seiner psychischen Lebensweise. Auch im eigenen Innern war vieles ungestaltet und chaotisch, war ein unübersichtliches Durcheinander. Zwar konnte er nach außen sein Image fassadenhaft pflegen, konnte einen kleinen Raum offen halten für andere Menschen, darüber hinaus fühlte er sich für nichts zuständig. Er führte ein Scheindasein, bedrängt von der Abwertung gegenüber sich selbst. »Ich war mir die Mühe nicht wert...«, sagte er später einmal in der Rückschau. Beruflich vermochte er solange zu kompensieren, bis er eines Tages in einer tiefen Depression Hilfe suchen mußte.

Die Trauer überdeckte die verborgene Wut, die er seit seiner Kindheit in sich trug, aber sie schuldbeladen gegen sich selbst wandte. Es war die nie gelebte Aggression gegen eine Umwelt, die ihn von kleinauf in ihrer Fassadenhaftigkeit verkümmern ließ. Sein Vater hatte ihm gegenüber sich geäußert, daß er sich eine reiche Frau suchen soll, um mehr zu erreichen als die Elternfamilie. Herr T. setzte jedoch die Kontaktlosigkeit der Eltern fort und ging in die innere Emigration gegenüber den Forderungen seines Vaters. Er blieb im jugendlich studentischen Durcheinander und hatte damit auch Gründe, keine Einladungen und Kontakte zu pflegen. Er anästhesierte sich und wurde empfindungslos gegenüber dem, was normalerweise ein Erwachsener für sich als Lebensraum und Gestaltung beansprucht. Normale Wünsche und Ansprüche für sich selbst waren schon in der Kindheit begraben worden, und dabei blieb es. Eines Tages träumte er von einem schwer verletzten Hund, der am Verenden war. Er wandte sich dem Tier zu und gab ihm Wasser. Es war der Ausdruck davon, daß er nun sich seiner eigenen schwer geschädigten Vitalseite, seiner Leiblichkeit und all dem, was ein Mensch als natürliches Wesen in sich trägt, helfend zuwenden konnte. Bald danach träumte er von einem Kind, das im Rollstuhl ausgefahren wurde. Es war sehr blaß, und der Träumer hatte das Gefühl der Zufriedenheit, nachdem dieses Kind nun in die Sonne kam. Solche Beispiele zeigen deutlich, wieviel im Menschen regenerationsfähig ist, zeigen die Heilkraft der Natur und die Unzerstörbarkeit des Lebens.

Ablösung und Befreiung:
Erkenntnis ermöglicht Reifung

Die meisten Menschen bleiben im Bann und in der Abhängigkeit von Prägungen ihrer Kindheit und Jugend. In bestimmten Situationen werden Verhaltensweisen ausgelöst und laufen dann reflektorisch ab, die schon als Kind geübt, gelernt und schließlich zu einem Reaktionsschema wurden. Dies kann durch Leitbildwirkung als Introjekt in uns sein und als übernommenes Modellgeschehen entsprechend wirken. Es könnte auch der Niederschlag sein von Früherfahrungen und psychischen Verletzungen. Jedoch nicht nur solche Traumen, sondern alles, was um uns herum ablief und geschah, ging in uns ein und hinterließ seine Spuren. Alles wird zur Erfahrung, die uns prägt und darum uns auch mitbestimmt. Unsere früh erlernte Bewältigungs- und Überlebensstrategie bleibt immer erhalten wie das Grundmotiv eines musikalisch bearbeiteten Themas, das in allen Ausgestaltungen mitschwingt.

Die Befreiung von behindernden Reaktionsformen vermag sich nur in aufeinander folgenden Schritten zu vollziehen, nicht in großen Sprüngen. Bewußtes Erkennen ist eine wesentliche Voraussetzung, denn was ich nicht erfasse und nicht in mein Bewußtsein dringt, mit dem kann ich mich auch nicht gezielt auseinandersetzen. Wer beispielsweise von kleinauf miterlebt und schließlich eingeübt hat, daß man sich Konflikten nicht stellt, sich vielmehr den daraus eventuell entstehenden Spannungen und Unannehmlichkeiten entzieht, indem man sie verdrängt, verleugnet, so tut als ob, vermag meist nicht ohne weiteres zu durchschauen, was hier abläuft. Daß dadurch auf Jahre hinaus größere Schwierigkeiten sich ansammeln, seelische Verbiegungen und ernste Probleme sich anhäufen können, erfordert eine gewisse Bewußtheit. Sie kann sich in der Begegnung mit anders reagierenden Menschen entwickeln. »Durch den Einblick in die Familie meiner Freundin habe ich erlebt, wie andere Menschen miteinander umgehen, was sie offen und ehrlich abklären. Mich überfiel eine Trauer, als mir klar wurde, wie unehrlich wir in unserer Familie miteinander waren. Das Schlimmste aber ist, daß ich bisher auch in solcher Verlogenheit gelebt habe. Zu niemandem war ich offen und ehrlich. Bei der Familie M. erlebe ich nun, daß dies auch möglich ist, ohne grob zu sein und ohne zu verletzen. In meiner bisherigen Unredlichkeit habe ich noch geglaubt, ich sei damit rücksichtsvoll und feinfühlig. Meine Freundin hat noch nicht durchschaut, wie wenig ich zu dem stehe, was ich wirklich denke und fühle. Sie glaubt mir, was ich äußere, weil sie von sich selbst ausgeht. Wenn sie selbst etwas sagt, meint sie dies auch ganz ehrlich so.«

Wir alle benötigen, um unterscheiden zu lernen, den Kontakt mit andern. Wir sind viel mehr aufeinander angewiesen, auch auf Menschen, die ganz anders sind als wir, wenn wir dies auch nicht gerne wahrhaben wollen. Darum bringen die Begegnungen mit fremden Ländern und Kulturen Selbsterkenntnis und Bewußtsein für den, der das ganz andere aufzunehmen vermag. Je schwächer wir sind, um so mehr bedürfen wir der Selbstbestätigung und der Selbstverteidigung, fühlen uns bedroht, wenn andere nicht so sind wie wir oder wie wir erwarten. Alles, was uns nicht vertraut ist, kann uns bedrohlich werden, sofern wir nicht die Fähigkeit haben, das Fremdartige einzuordnen, ihm einen Stellenwert zuzugestehen. Damit lernen wir, unseren Standort und unsere Geprägtheit bewußter zu erkennen. Im Unterscheiden finden wir uns selbst klarer. Es ist schon eine gute Erfahrung, wenn man weiß, daß man auch anders reagieren, fühlen und denken kann. Das befreit von Zwängen, ohne daß wir dadurch uns selbst aufgeben müssen.

Um sich selbst bewußter zu erfahren, hilft die unsentimentale und nicht beschönigende und verklären wollende

Rückschau in unser Kindheitsmilieu. Wie gingen Vater und Mutter miteinander um? Wie sind sie mit uns Kindern und mit andern Menschen umgegangen? Wie war das soziale Verhalten und wie wurden Konflikte angegangen oder zu lösen versucht? Was möchte ich von diesen Verhaltensweisen übernehmen und in meine Art zu leben integrieren? Was hat mich früher schon geängstigt oder verwirrt und was muß ich heute als erwachsener Mensch ablehnen? Dabei geht es nicht um ein Verurteilen. Dafür sind wir nicht zuständig. Eine solch richterliche Position wollen und sollen wir nicht einnehmen. Aber zu sehen, was real geschehen ist und vor allem, was mir schädlich und für meine Entwicklung eine Belastung war, wollen wir mutig ins Auge fassen. »Die Wahrheit macht Euch frei« ist ein Bibelwort, das wir aus tiefenpsychologischer Sicht heute belegen können.

Wahrhaftig zu sein in solcher Rückblende, ist nicht nur für den erwachsenen Menschen in der Betrachtung unserer Eltern und unseres Milieus schwierig. Es ist ebenso kompliziert, bei uns selbst zu entdecken, was in uns sich eingeschlichen und fortgesetzt hat von dem, was nicht lebensfördernd und nicht gut war. Je kleiner unser Maß an Ich-Stärke, je weniger wir zu uns selbst stehen können, um so größer ist die Angst vor dem, was wirklich war und ist. Es fällt uns oft schwer, wahrhaben zu wollen, was uns nicht gefällt und worüber wir uns gerne getäuscht haben. Die Schein-heiligkeit uns selbst gegenüber wahrzunehmen, erfordert viel mehr Mut zur Wahrhaftigkeit und Selbsterkenntnis als zuzugeben, daß wir uns andern gegenüber so verhalten. Mit dem Schein, den wir in der Selbstbetrachtung noch aufrechtzuerhalten bemüht sind, wollen wir unsere neurotischen Ecken verbergen. Es ist ein großer Schritt, von den Mängeln und neurotischen Verhaltensweisen der andern abzusehen und sich der eigenen Problemseite zuzuwenden. Dabei ist es gut, zu wissen, daß wir alle damit zu tun haben.

Sein eigenes Schicksal der frühen Jahre und das Leben in seiner Unvollkommenheit und Begrenzung anzunehmen und sich damit zu befassen, fällt manchen sehr schwer. Es ist nicht damit getan, alles Lästige und das, was nicht gelungen ist, dem andern zuzuschieben, der uns belastet hat. Wenn ich darum kriminelle Handlungen vollziehe oder versagt habe, weil ich in der Kindheit geplagt worden bin oder weil mein Vater mir oft gesagt hat, daß ich ein Versager bin oder gar im Gefängnis lande, muß ich auch sehen lernen, welchen Anteil ich vollbringe, wenn ich ihm nun das liefere, was er formulierte und womit er mich bedrohte.

Nachdem Frau S. sich in bindungslose sexuelle Abenteuer stürzte, geriet sie in zunehmende Schwierigkeiten. Sie lebte, wie viele in unserer Zeit, in der Oppositionshaltung gegenüber oft unsichtbar waltenden Autoritäten aus der Kindheit. Bei Frau S. war es die Mutter, die sie immer aus ihrer eigenen Angst heraus kleinhalten und ihr Sexualität nicht zugestehen wollte. Frau S. hatte keine bessere Lösung gefunden und war aus der Flucht in das Gegenteil nicht herausgekommen. Eine Weiterentwicklung hatte sie nicht in Gang setzen können. Sie genoß lange Zeit ihre neurotisch ausgedehnte Pubertät. Lebensunlust, das Gefühl der Leere trotz des Übermaßes ihrer Beziehungen und Lustsuche, trat erst nach dem 30. Lebensjahr auf. In einem Film fühlte sie sich gespiegelt, und plötzlich fürchtete sie sich vor der Richtung, die ihr Leben eingeschlagen hatte. Sie war nun soweit, daß sie es nicht mehr der Mutter rechtmachen und gefügiges Kind sein wollte. Plötzlich begriff sie, daß es längst nicht mehr um ihre Mutter, vielmehr um sie selbst ging. Sie begann in einer Therapie, sich mit sich selbst zu befassen, ihre eigenen Verhaltensweisen zu durchschauen und sich im Rahmen dieser Prozesse auch mit ihrer Mutterbeziehung auseinanderzusetzen.

Wenn wir wahrzunehmen gelernt haben, ist der nächste wesentliche Schritt das Zulassen dessen, was für uns unangenehm ist und unser Wunschdenken über uns selbst stört, unser poliertes Bild von uns trübt, weil wir damit von unserem Ich-Ideal abweichen und uns in unserer Unzulänglichkeit annehmen lernen müssen. Die damit erlebte narzißtische Kränkung ist dann besser zu verkraften, wenn wir verstehen lernen, daß die Wahrheit über uns selbst uns Wege eröffnet zu neuen Verwirklichungen unseres eigenen Wesens. Viele werden in verschiedenartiger Weise kreativ und lebensgestaltend, wenn sie sich von dem befreien, was für sie zur Fremdbestimmung führte. Immer wieder höre ich: »Ich wollte nie werden wie meine Mutter, ... und schon gar nicht wie mein Vater. Nun komme ich durch die Schwierigkeiten in meiner Ehe und mit meinen Kindern nicht darum herum, zu sehen, daß ich von beiden etwas in mir habe, was ich ablehne und verachte ...«. Es ist zweifellos eine gewisse Tragik im Menschsein gegeben, daß wir von kleinauf psychisch nicht nur das Positive verinnern, das zur Lebensbewältigung führt, sondern auch das Negative, das uns behindert und schadet. Bewußter zu werden gegenüber den eigenen Handlungen und Verhaltensweisen, ist die Forderung, um sich vor falschen, negativen psychischen Engrammen zu schützen.

Wissen und Denken allein befreien uns noch nicht, sind jedoch wichtige Voraussetzungen. Nicht immer sind langjährige Analysen und Behandlungen notwendig, um zu sich selbst mehr hinzufinden. Stützende Hilfen in Beratungen können entscheidend mitwirken. Frau C. glaubte immer, daß ihre Angstanfälle mit ihrer Ehe und ihrem Mann und mit den Enttäuschungen ihrer Eheerwartungen zusammenhängen würden. Es bestand jedoch ein ganz anderer Bezug. Mit dem Beginn der Ehe war sie räumlich von ihren Eltern weiter entfernt als bisher. Sie fühlte sich wie als Kind verlassen, ärgerte sich darüber, daß die Eltern sich nun dem Bruder, der noch zu Hause war, mehr zuwandten und ihn verwöhnten. Dies hätte sie gerne selbst in Anspruch genommen. Eine ausgesprochene Schwellenangst,

ihr neues Leben und die damit verbundene Entwicklungsstufe innerlich zu akzeptieren und zu gestalten, wurde
immer lästiger. Sie ängstigte sich davor, erwachsen zu werden und entwickelte regressive Wünsche. Ihre Angst stei-
gerte sich so sehr, daß sie schließlich nicht mehr allein sein
konnte und wie ein Kind jemanden um sich haben wollte.

Um die ersten Schritte der Ablösung und Aufarbeitung
von störenden Kindheitsbindungen zu tun, hilft uns das
Gespräch und das Verbalisieren dessen, was wir uns bisher
nicht zu sagen getraut haben. Solange das Kind-Ich in uns
sich durchzusetzen vermag, kommt der erwachsene Teil
unserer Persönlichkeit nicht dazu, sich zu realisieren. Es
genügt nicht, über vieles nachzudenken und nachzufühlen.
Die Aufarbeitung erfordert mehr. Eine Möglichkeit ist, das
zu formulieren und auszusprechen.

Ein 37jähriger Mann berichtete: »Gustav, sage ich zu
ihm, du hast lange genug in mir fortgewirkt. Ich sage dabei
nicht Vater, denn ich meine nicht das Väterliche und ein
Vaterbild, sondern den Menschen, der er war. Gustav, sage
ich, wegen deinem Geschrei, deinen Jähzornsausbrüchen
und deiner Selbstherrlichkeit bin ich bis heute ein übervor-
sichtiger und ängstlicher Mensch. Ich kann mich nicht be-
haupten und durchsetzen, weil du mich nie zu Wort kommen ließest. Alles mußte nach deinem Kopf gehen, alles
wolltest du bestimmen...«. Dieser Sohn erzählte viel,
brachte detaillierte Erinnerungen, die er nun erstmalig in
seinem Leben zu formulieren und auszuspucken wagte.
Am Ende weinte er leise vor sich hin, und jeder, der dabei
war, wurde betroffen und zugleich froh darüber, daß er
den Mut gefunden hatte, sich zu öffnen und seine Not
herauszulassen.

Eine Patientin berichtete: »Es hat lange gedauert, bis ich
mit meiner Lotte sprechen konnte, laut und deutlich, ohne
Angst. Erst seit kurzem kann ich dazu die Schranktür öffnen und das angeklebte Bild dazu als Gegenüber wählen.
Es ist ein Foto meiner Mutter. Es stammt aus der Zeit, da

ich noch ein Kind war, aus der Lebensphase, in der sie meine Seele verbog und belastete und ich ihr noch hilflos preisgegeben war. Nun bin ich 40 Jahre alt und kann erst jetzt in Worte fassen und hinausschreien, was ich bisher noch immer in mir ungesagt herumtrug und was auf mir lastete. Nach solchen Gesprächen mit meiner Lotte bin ich immer sehr erschöpft, aber zugleich bin ich wie befreit. Es ist wie nach einer anstrengenden Bergtour . . .«.

Das Gefühl des Kleinseins und der Abhängigkeit als Rest aus der Kindheit ist erst zu überwinden, um dann im vollen Sinne und nicht nur in Teilbereichen wie etwa im Beruf, erwachsen leben zu können. Das heißt auch, daß wir das sagen und zum Ausdruck bringen, was uns als Kind unmöglich war. Manche werden in solchem Aufarbeiten im Gespräch ohne Realbezug dadurch behindert, daß ihre Kindheitsautoritäten inzwischen gestorben oder eben alt geworden sind. Es besteht dann oft eine gewisse Scheu, dem alten, oft hilflosen Menschen oder auch dem Toten gegenüberzutreten im Sinne einer erwachsenen Auseinandersetzung. In vielen Fällen ist jedoch nicht zu übersehen, daß auch in dem reduzierten oder geschwächten Zustand immer noch das alte Regiment geführt wird, Erwartungen eingebracht werden, dirigiert und in den verschiedenartigsten Weisen gelenkt wird. Dies geht, solange die nächste Generation in infantiler Abhängigkeit und Rechtmacherei verharrt. Zum Herrschen und Quälen gehört aber immer auch der andere, der sich beherrschen und quälen läßt. Nicht nur Männer- und Vaterautoritäten lösen in der Kindheit Ängste aus und führen zu unfruchtbarer Unterordnung statt Einordnung in eine Familienbeziehung. Auch Mütter, die als Frauen in demütiger Abhängigkeit von ihrem Mann und von den eigenen Eltern ein Leben voll Unfreiheit und Verzicht gelebt haben, entwickeln zuweilen Schwächeren und vor allem Kindern gegenüber einen Riesenanspruch und betrachten sie als Besitz. Menschen mit wenig eigener Entfaltung und damit durch viel Verzichtleistungen geprägt, suchen ihre Bedürfnisse nach Macht und Gestaltung an ihren Kindern auszuleben. Nicht allein die Omnipotenzler, die sich allmächtig und überlegen erleben wollen, werden in ihren Forderungen gefährlich, sondern auch die grauen Mäuschen, die sich wie im Märchen in den eigenen vier Wänden in gefährliche Wölfe verwandeln.

»Ich hatte Hemmungen, all das Ungesagte ohne die Anwesenheit meiner Mutter auszusprechen, denn sie war mit ihren fast 80 Jahren auch ganz anders geworden, seit sie schwächer ist und meine Hilfe braucht. Mir ist aber klar geworden, wieviel Angst noch in mir ist, mit dem Bild meiner Mutter zu reden. Ich weiß nun auch, daß es nicht um die heutige alte Frau geht, vielmehr um die aus der Zeit, in der ich geboren wurde und Kind war. Ich brauchte lange und viele Übungen, bis ich eines Tages merkte, wieviel Wut in mir steckte, welcher Grad an Verletztheit und Enttäuschung über meine Kindheit und diesen Menschen in mir war. Ich bemerkte immer mehr, in welchem Maß sie noch bis vor kurzem in mir autoritär und angstauslösend gewirkt hat. Erst jetzt konnte ich ihr sagen, was für ein armseliger, kalter und liebloser Mensch sie war. Wir alle waren Hungerleider. Auch unser Vater litt unter der seelischen Kargheit, in der wir lebten.« Dieser Aussage folgten viele Details und Beobachtungen aus der früheren Zeit, die jetzt erst wieder ins Bewußtsein treten konnten, weil das Bemühen um Verdrängung und Ungeschehen-machen-wollen abgelöst wurde durch die Bereitschaft, zu dem zu stehen, was sie alle zu erleiden hatten. Dieser Mann wunderte sich darüber, daß er auch in der realen Begegnung mit seiner Mutter sich verändert erlebte. Je mehr und je offener, je intensiver und vielfältiger er mit seiner Aufarbeitung befaßt war, um so weniger bedrückten ihn die Besuche bei seiner Mutter. Danach hatte er nicht mehr Gefühle des Unbehagens und war nicht mehr wie früher mißgelaunt. Er wurde immun gegenüber den spitzen Andeutungen, die gelegentlich immer noch auftauchten, wenn die Mutter etwas erreichen und durchsetzen wollte. Er konnte dies nun nicht aus Ängstlichkeit, sondern aus Stärke übergehen und vermochte immer klarer und sicherer zum Ausdruck zu bringen, was er selbst für richtig hielt. »Ich bin mehr bei mir selbst... und sie merkt das auch trotz ihres eingeschränkten Zustandes an Leib und Seele. Sie lernt noch. Das hätte ich nie gedacht.« Diese Erfahrung hat sich vielfach bestätigt. Selbst schwere Sklerotiker und Psychopathen gehen mit denen anders um, die selbst Standvermögen haben und nicht auf Fehlverhalten einschwenken.

Eine Patientin mit großer Bedrückung aus der Kindheit und trotz ihrer 40 Jahre noch geprägt von Unfreiheit gegenüber ihrer Mutter, suchte viele Gründe der Entschuldigung zu finden für das Verhalten ihrer Mutter, das ihr großen Schaden zugefügt hatte. »Sie war immer sehr fleißig im Haushalt und kochte und strickte für uns alle. Arbeit hat sie nie gescheut. Sie hatte selbst eine schwierige Kindheit. Ich will ihr verzeihen und vergessen, was alles war. Ich weiß wohl, wie sehr auch meine Schwester geschädigt wurde und in welchem Ausmaß meinem Vater das Leben schwer gemacht war...«. Psychologisch gesehen kann man diese Äußerungen alle als Widerstand bezeichnen, der von der anstehenden Aufarbeitung und dem Eintreten in den Prozeß einer mühseligen und auch anstrengenden Auseinandersetzung ablenken soll. Hinter solcher Abwehr steht Angst und der Versuch, ob es nicht doch ohne seelischen Aufwand und Mühe geht, eine erträgliche Lösung zu finden. Man will sich dann davor schützen, die ganze Wahrheit zu sehen, der eigenen Not gegenüberzustehen und all dem, was an Wut und Trauer sich melden könnte. Der Patientin kam bei allen Erinnerungen und allen Vorstellungen, der Mutter dies oder jenes zu sagen, immer das in den Sinn, was die Mutter antworten würde, aber nicht, was sie selbst aussprechen oder mitteilen wollte. Sie war immer schon von kleinauf bemüht, die Mutter zu verstehen, auf sie einzugehen, ihre Wünsche abzutasten, um auf diese Weise Probleme aus dem Weg zu gehen. Dies hatte sie virtuos gelernt und sich meilenweit von eigenen Reaktionen, Wünschen und Bedürfnissen entfernt. Die auf die Mutter gerichteten Aggressionen wurden nicht zugelassen, denn in dieser Familie waren aggressive Äußerungen tabuisiert. Schließlich richteten sie sich gegen das eigene Ich und die eigene Person, was zu einer Depression führte. In der Lebensgeschichte von Depressiven findet man immer Zusammenhänge, wo sie gegen sich selbst angehen und nicht zu ihrem eigenen Leben stehen.

Die Mutter dieser Patientin hatte tatsächlich eine schwierige Kindheit. Aber sie hatte daraus nichts gelernt. Ihre Leiden haben in ihr nichts Lebendiges ausgelöst, weshalb sie im Sumpf ihrer Verwirrtheit blieb. Nicht alle, die ein schweres Schicksal hatten oder haben, werden dadurch lieblos, brutal oder kalt und leben ihre Verletztheit mit entsprechendem Agieren aus. Wer gedemütigt und verletzt wurde, muß dies nicht fortsetzen mit denen, die um ihn sind. Es gibt auch die Verwandlung des Leids und das Reifen in der Not. »Wer auf sein Leid tritt, tritt höher«, sagte Hölderlin. Entscheidend ist, was Not in uns bewirkt, was wir mit ihr entwickeln.

Wer ausgraben und wiederholen kann, was bisher verdrängt werden mußte, bewirkt damit Verwandlungen in der Tiefe der Seele, in dem unbewußten Bereich, aus dem die Träume kommen. Dann melden sich Befreiungsträume. Vater und Mutter sterben oder sind gestorben und werden im Traum begraben. Dabei geht es nicht um den leiblichen Tod, vielmehr um einen inneren Sterbeprozeß, der ganz natürlich und entwicklungsnotwendig ist. »Mein Vater darf 100 Jahre alt werden, und ich werde ihm beistehen, wenn er mich wirklich braucht und in echter Not ist... aber in mir muß er abdanken, in mir muß er sterben, damit ich ein eigenes Menschsein aufbauen kann...«.

Parallel zu solchen Sterbeprozessen melden sich im Traum Symbole der Erneuerungen und Lebendigkeiten,

die oft zu ungeheurer Lebensbejahung und -freude führen. Dies wirkt auch in die Realität hinaus. »Nachdem ich meine beiden Eltern im Traum beerdigt habe und ich ihnen gegenüber auch frei und selbständig geworden bin, gelingt mir vieles. Erst seit ich ein Ich-Selbst bin, wirke ich überzeugend. Nun bekomme ich ganz neue Rückmeldungen von den andern. Du hast dich verändert, sagen meine Freunde und meinen dies positiv. Meine Eltern sagen es auch, aber sie bewerten es negativ. Sie hätten gerne das gefügige, ängstliche Kind sich erhalten, das sie rechtmacherisch bis zum Unsinn hin zufriedenstellen wollte...«.
»Immer hatte ich Angst vor Liebesverlust und davor, daß meine Eltern enttäuscht sein könnten. Erst waren sie einige Zeit ablehnend und gekränkt. Mit der Zeit lernten sie jedoch zu akzeptieren, daß ich kein Junge, sondern ein Mann bin.«

Um Irrtümer zu vermeiden und Fehlinterpretationen aufzuhalten, sei nochmals ausdrücklich zusammengefaßt: Es geht nicht um Verurteilung, Schuldzuweisungen oder um die Position des Richtens. Vielmehr hilft nur der Mut zur Wahrheit, das zu formulieren und auszugraben, was war und wie ich es erlebt habe. Kein Mensch kann meine Gefühle und Erlebnisse abstreiten und als Unwahrheit bezeichnen. Denn wie ich gefühlt habe, weiß nur ich. Auch die Folgen und Fehlentwicklungen sind nicht immer nach außen gedrungen und bekannt geworden.

Befreiung und Ablösung sind Entwicklungsnotwendigkeiten. Wer sich dem entzieht, hat unter der Last der Folgen zu leiden. Die Gesetze des Lebens haben immer recht, und es ist selbstzerstörerisch, sich ihnen zu widersetzen.

Mancher mag sich fragen, warum werden solche Gespräche in der Vorstellung und nicht als reale Auseinandersetzungen vorgeschlagen. Hierzu ist zu sagen, daß viele erst in sich selbst wachsen und eigene Ich-Stärke aufgebaut haben müssen, ehe eine sinnvolle Auseinandersetzung mit schwierigen Eltern stattfinden kann. Es ist nichts damit erreicht, Vorwürfe zu machen, Wut auszudrücken, einstige Ungerechtigkeiten zu formulieren, wenn dies noch in blinder Ungesteuertheit wie der Ausbruch bei einem Kind anmutet. Erst nach der eigenen Reifung durch die vorgeübte Aufarbeitung von Unbewältigtem lassen sich dann konstruktive Gespräche führen, in denen nicht blind gekränkt und eingerissen wird. Wenn zu Distanzierung von den Autoritäten nicht proportional aufbauende Prozesse laufen, ein echtes Erwachsenwerden sich vollzieht, bringt die Distanzierung nur wenig. Eltern-Kinder-Gespräche unter Erwachsenen werden produktiv für beide Seiten, wenn die Beteiligten zur sachlichen Auseinandersetzung ohne Beleidigtsein fähig sind. Dabei ist es auch wichtig, daß Eltern einsichtig sind und nachfühlen können, was in dieser oder jener Situation ganz anders erlebt wurde, als sie gedacht haben. Es gibt sicher keinen Vater und keine Mutter, die im nachhinein aus der Rückschau und Lebenserfahrung heraus nicht einiges anders und damit besser machen wollten. Wir Eltern lernen noch eine Menge, wenn wir unseren Kindern gegenüber uns selbst in unseren Grenzen erleben.

Verzeihen und sich auf einer neuen Ebene nach all dem Gewesenen wieder gutzusein, gibt es im tieferen Sinn nur dann, wenn auch die kritische Auseinandersetzung von beiden Seiten her stattgefunden hat, da Kinder ihre Eltern als Menschen sehen und annehmen lernen und Eltern ihre Kinder ebenso. Die gegenseitigen Erwartungen verringern sich dann. Das ist eine gute Basis.

Zuwendung zu sich selbst:
Für das eigene Kind-Ich sorgen fördert Heilung

Die Unterdrückten und Bedrückten, die sich Entfremdeten und Depressiven, die Fremdgesteuerten und Überangepaßten, alle erliegen allzu leicht der Gefahr, durch andere von außen sich Erlösung zu erhoffen. Ihr Zauberwort ist das »wenn«. Wenn ich eine richtige Partnerin oder den gewünschten Partner hätte... Wenn ich einen andern Vater gehabt hätte oder eine Mutter mit mehr Herz... Wenn mein Blutdruck höher wäre... dann... Hinter all dem steht die Verleugnung dessen, was wirklich war oder ist, die Abwehr der Tatsachen, die dem eigenen Leben gegebene Realität. Solches »Wenn-und-wäre« wird oft gepflegt in Selbstmitleid, als Alibi und Ent-schuldigung benützt, um sich den eigenen Zuständigkeiten zu entziehen. Daraus entwickelt sich eine Lebenshaltung voll Erwartungen an den andern, an ein Guthaben dem Leben gegenüber. Dahinter steht die Vorstellung: Ich habe gelitten, dafür möchte ich nun ausgleichende Gerechtigkeit haben. In solcher Grundstimmung programmiert man sich neue Enttäuschungen, und damit schaffen wir uns selbst die Bestätigung, daß das Schicksal es nicht gut mit uns meint. Positive Gründe zur Freude und Ausgleich schaffende Möglichkeiten werden dann nicht mehr wahrgenommen.

Es ist für uns alle wichtig zu erkennen, daß es keinen Menschen gibt, der mir das Defizit meiner Kindheit auffüllen und mein notleidendes Kind in mir zu heilen vermag. »Ich war fortwährend auf der Suche nach einem guten Vater, bei meinen Chefs, bei Freundschaften, in der Ehe, selbst im Café setzte ich mich gerne neben gepflegte, ältere Herren. Ich wußte wohl, daß dies damit zusammenhing, daß mein leiblicher Vater eine Niete war. Das habe ich als

Kind schon erkannt. Darum gab es mein Verlangen, einen Vater zu haben, der sein Kind auf den Schoß nimmt, es tröstet, einen Vater auf den man stolz sein kann...«. Frau V. hatte einen Ersatzvater geheiratet, doch ihr Wunsch, über einen andern Menschen Zufriedenheit zu finden, blieb bestehen. Erst als sie gelernt hatte, sich selbst verstehend zu begegnen, in sich selbst als erwachsener Mensch dem Kind und dem hilfsbedürftigen Teil im eigenen Innern zur Seite zu stehen und Zuwendung zu schenken, veränderte sich vieles. Oft wird der Helfer nach außen projiziert und in der Außenwelt gesucht. Das lenkt dann davon ab, sich selbst Hilfe zu leisten. Sich mitfühlend für sich selbst zu erleben, ist denen nicht möglich, die allzugut gelernt haben, über sich hinwegzugehen, so daß sie die Wahrnehmung eigener Bedürfnisse, Wünsche und berechtigter Forderungen verloren haben. Dies führt in einen merkwürdigen Zustand der Ich-losigkeit mit der unbewußten Erwartung, von irgendwem und von irgendwoher durchs Leben geführt zu werden, ähnlich wie es Kinder erleben.

Über sich selbst hinwegzugehen, ohne eigenes Ich-selbst zu leben, ist nicht Altruismus oder soziales Offensein für den andern. Dies ist keineswegs der Weg zur Überwindung der Gefahr des asozialen Individualismus. Es handelt sich dabei auch nicht um christliche Nächstenliebe oder um das, was wir unter Selbstlosigkeit verstehen. Um zum sozialen Bezug zu finden, um Edles vollbringen zu können, ist eine Entwicklung zur sozialen Reife notwendig, die ganz unabhängig von der Intelligenz und anderen Fähigkeiten zu betrachten ist. Niemand kann sich einbringen in eine Partnerschaft oder sonstigen sozialen Bezug, wenn er sich nicht zum Individuum entwickelt, sondern partiell Kind bleibt. Man kann dann keine Verantwortung übernehmen, möchte aber gerne sich einem Stärkeren oder einer Gruppe anhängen, sich im andern verlieren oder untertauchen. »Ich war immer Mitläufer bei irgendwem, hab immer bei den andern mitgesungen. Jetzt hat mir zu Beginn einer neuen Beziehung dieser Mann gesagt, daß wir erst zuammenziehen sollen, wenn ich gelernt habe, für mich allein zu sorgen, allein zu sein, meinen kleinen Haushalt bewältige und nicht mehr in ständigem Improvisorien wie eine 20jährige lebe. Er will mich als erwachsenen Menschen haben. Mir wurde klar, daß er nicht bereit ist, auf dieser etwas chaotischen Ebene mitzuschwingen und auch keine Lust hat, mich als Papi hier herauszuführen. Er will eine Frau und kein junges Ding. Früher hätte ich das nicht verstehen können, ihn mit Begriffen wie spießig und konventionell abgetan.«

Zweifellos ist unsere Entwicklung und Entfaltung getragen von der Begegnung. Wir wachsen in der Auseinandersetzung mit dem andern. Manche sprechen vom gesunden Egoismus und wollen damit zum Ausdruck bringen, daß zum intakten Menschen auch die Sorge und Fürsorge gegenüber dem eigenen Ich und eigenen Leben gehört. Darum ist dies keine Selbstsucht und extreme Zuwendung und Konzentration auf das Eigene. Man spricht heute von Identitätsproblemen, wenn jemand sich mit seinem Ich-Selbst und seinem Leben nicht identifizieren kann, sich in solcher Gewordenheit nicht zu erleben vermag. Die Stellungnahme zu uns selbst ist von großer Bedeutung. Wer sich selbst nicht leiden mag, hat immer viel neurotische Anteile in allen Beziehungen zu andern. Wer für sich selbst keine Verantwortung trägt, drängt sich oft in die Zuständigkeiten der andern. Lernen wir darum, uns selbst zu verstehen, beizustehen und uns selbst gut zu sein. Alles was wir aufbringen an sinnvoller Selbsthilfe und notwendigem Selbstschutz kommt auch denjenigen zugute, mit denen wir zu tun haben. Beim richtigen Umgang mit uns selbst werden wir immer tragfähiger, gütiger, verständnisvoller und selbständiger, also unabhängiger. Dann muß ich nicht mehr andere überfordern, weil ich nicht mehr das von ihnen erwarte, was ich im eigenen Innern für mich selbst tun muß.

»Seit ich mit mir reden kann und mich um mich selbst kümmere, bin ich viel weniger nervös. Früher war ich immer unruhig und gehetzt, als würde ich etwas versäumen, wenn ich nicht dies und das tue und mitnehme. Darum war ich oft erschöpft. Ich wollte alles nur Mögliche für meine Familie tun und erreichte dabei nur, daß ich mich auflöste und für die andern kaum vorhanden war. Jetzt finde ich täglich zu einer Ruhepause, in der ich bei mir bin. Ich tue weniger und es geschieht mehr . . .«.

Eine wesentliche Hilfe auf dem Weg zu sich selbst ist, sich in seiner Vergangenheit und Gewordenheit verstehen und erkennen zu lernen. Häufig geht es darum, hinter die im Laufe des Erwachsenwerdens aufgebaute Fassade zu steigen und das zu finden, was verdeckt worden ist, jene psychischen Anteile, über die wir hinwegzuleben gelernt haben.

Wie viele unter uns hat Frau S. eine Panzerung mit korrektem Verhalten, geprägt von viel Vernünftigkeit, gelegentlich abwehrend, eher deftig und grob als sensibel und warmherzig. Sie ist klug und gibt den Anschein, ein gutes Selbstwertgefühl zu haben. In der Abwehr von Kritik kann sie heftig werden, denn sie will ungeschoren sein. Niemand vermutet hinter all dem eine sehr empfindsame, zarte und scheue Seite ihres Wesens, die nicht gelebt werden darf und ein Schattendasein führen muß. Auf solche Weise wird viel menschliche Qualität verloren, bleibt das ohne Verwirklichung, was diesen Menschen bereichern könnte und auf seine Umgebung sich auswirken würde.

Hier die Aussage eines solchen Menschen: »Seit ich über meine Kindheit nachdenke, meine Kinderfotos neu sehen lerne, entwickle ich ein Gefühl für mein jetziges Verhalten. Ich verstehe nun meine Empfindlichkeit, die ich nie zugeben und auch vor mir selbst nicht wahrhaben wollte. Ich konnte stets alles rational oder psychologisch erklären. So habe ich für mich eine dicke Schutzschicht aufgebaut. Jetzt erst vermag ich mich selbst zu erfühlen, nämlich über das

Kind von damals. Auch das habe ich nie eingestehen wollen, in welchem Ausmaß von meinen Eltern, speziell von meinem Vater, an mir herumgenörgelt wurde. Immer hätte ich anders sein sollen, war es nicht recht so, wie ich war. Es waren nur Besserwisser um mich, die ihre Überlegenheit genießen wollten. Meine Mutter wollte mich zu etwas Besonderem machen, weil sie selbst aus einfachstem Milieu stammte und sehr stolz darauf war, was sie nun wußte. Mein Vater war beruflich nicht so weit vorangekommen, wie er wollte, und ich sollte nun für ihn einiges ausgleichen.« Diese Frau hatte sich ihr Leben lang darum bemüht und großen Einsatz geleistet, um bestätigt zu werden, Anerkennung bei andern zu finden. Sie hat sich dabei stets überfordert. »Ich mußte immer alles sehr gut machen, konnte gar nicht genug Wissen und Bildung in mich hineinstopfen. Ich vermochte aber damit nicht, mein trauriges Kind in mir zufriedenzustellen. Mein Gefühl, nie zu genügen, verließ mich nicht. Nun mache ich mit mir selbst Kindertherapie. Ich spreche mit meinem Kind von damals und ich bin ganz betroffen, was alles aus jener Zeit nun wieder auftaucht und wie stark die begleitenden Reaktionen sind. Es ist, als ob viel Ungelebtes sich endlich befreien dürfte. Mir ist klar geworden, daß Unterdrücktes eine große Last ist. Vielleicht hatte ich darum auch immer Magen- und Gallenbeschwerden.«

Ein Gruppenmitglied, das am Beginn einer Therapie stand, wollte wissen, was sie ihrem Kind sagt. »Ich erzähle ihm, daß die Eltern nicht ernst zu nehmen und selbst nie erwachsen geworden sind, erzähle von ihren Eitelkeiten und ihrer Gefühllosigkeit. Dann schimpfen wir zusammen, gebrauchen all die Ausdrücke, die mir als Kind unter Strafe verboten wurden. Wir phantasieren uns aus, daß wir uns ganz gerne einmal gewehrt und sie verhauen hätten, so wie sie es mit ihrem Kind getan haben. Ich erzähle ihm von den Eltern von Hänsel und Gretel, die auch keine richtigen Eltern waren. Dann zeige ich meinem verängstigten, kleinen Wesen, wie tapfer wir uns doch durchgeschlagen haben und was wir trotz alledem noch zuwege gebracht haben. Ich kann diesen andern Teil meiner Seele immer besser erreichen und fühle immer mehr, daß er zu mir gehört, ein Teil von mir ist, den ich nicht einfach ignorieren kann.« Das kranke Kind in diesem Menschen gesundete. Mit wenig therapeutischer Unterstützung von außen führte sie selbst es der Heilung zu.

Ein Traum zeigte, wie ihre unbewußten Kräfte daran mitwirkten. »Ich stehe auf einem Berg und habe ein etwa siebenjähriges Kind an der Hand. Dabei halte ich es bewußt fest, damit es sich nicht zu weit an den Abgrund vorwagt. Wir bewundern die weite Aussicht und setzen uns am Gipfelkreuz nieder, um zu vespern. Es ist eine gute, heitere Atmosphäre. Mir fällt dazu ein, wie mein Vater in seiner Sucht zu belehren uns immer Vorträge darüber gehalten hat, keine Abfälle wegzuwerfen und wie schlecht alle sind, die sich falsch verhalten«, erzählte Frau P. dazu. Sie wurde immer unabhängiger von Erwartungen an andere und entwickelte in dieser Freiheit viel Mut, etwas zu wagen und zu gestalten. Nachdem sie sich mit sich selbst und auch dem bisher verdrängten Anteil identifizieren und damit umgehen konnte, wurde sie viel selbstsicherer, fröhlicher und gesünder. In der Familie und bei Freunden war sie nicht mehr die Frau, vor deren Empfindlichkeiten man sich in acht nehmen mußte. Sie hatte es nicht mehr nötig, in permanenter Abwehr und Absicherung zu leben, denn das Kind in ihr war gewachsen und vermochte sich zu wehren, wo dies notwendig war. Sie wurde nun ihrem Mann eine ganz entscheidende Hilfe. Er hatte in seiner Arbeitswelt eine kritische Umstellung zu bestehen. Während sie ihm in ihrer früheren Reaktionsform nur die Schwierigkeiten und Gefahren aufgezeigt und ihm damit noch zusätzlich Entmutigung und pessimistische Zukunftsschau aufgeladen hätte, verlief dies nun ganz anders. Sie war eine gute Zuhörerin, die in derselben Weise, wie sie sich selbst trösten und ermutigen gelernt hatte, nun auch ihrem Mann zu zeigen vermochte, was er kann und was er auch schon, in der Rückschau gesehen, zuwege gebracht hat. Dabei konnte sie sich als Helferin erleben, was ihr ganz neu war. Sie führte die Familie zu mehr Lebensfreude und weg von den extremen Leistungsforderungen. Bei ihrem Vater war Lebenslust schon etwas Leichtsinniges und Verwerfliches.

Herr S. kam über die Zuwendung zu seinem Kinder-Ich nicht nur von seinen Überforderungen los, die er sich immer selbst auferlegte, sondern auch von seinen vielen Ersatztröstungen. Er war ein starker Raucher, Kaffeetrinker und Konsument von viel Süßem. Mit solchen Mitteln speiste er buchstäblich sein mangelleidendes Kind bisher ab. Er war so gut gepanzert, daß diese Gefühlsnot nie sein Bewußtsein erreichte. Die damit verbundenen Spannungen schlugen sich in seinem Körper nieder. Schwere Kreislaufstörungen stoppten seine exzessiven Leistungsforderungen gegenüber sich und andern, denn damit waren viele Spannungen verbunden. Darum kam er zur Therapie. Ein Gefühl davon, daß in seinem Leben etwas nicht stimmte und einiges falsch lief, wäre ihm nie in den Sinn gekommen. Er brach auch die Behandlung zunächst ab und hoffte, durch Medikamente und Kuren sich wieder »fit zu machen«, wie er es nannte. Aber sein Körper verweigerte energisch die alte Lebensform und das Hinweggehen über wesentliche Anteile. Da er im Grunde ein sensibler und auch zur Differenzierung fähiger Mensch war, konnte er den Weg zur psychischen Aufarbeitung seiner Kindheit mitgehen, so daß bald sein Körper sich nicht mehr durch Symptome zu melden brauchte. Bei der Hinführung und Begegnung mit der eigenen frühen Not und dem Mangelleiden der Kindheit bei äußerem Wohlstand kam zunächst eine unsagbare Traurigkeit über ihn, die eine Zeitlang seine bisher krankhafte Überaktivität lähmte. Er lernte, Ruhe auszuhalten und wollte nun auch nicht mehr seiner Trauerarbeit ausweichen. Viele wollen sich darum keiner Aufarbeitung stellen, weil sie die Anstrengung der Begegnung mit sich selbst nicht aufzubringen bereit sind. Sie wissen nicht, daß sie viel mehr psychische Energie damit vergeuden, kompensatorische Lösungen zu leben.

Die Wut und der Zorn über das, was ihm angetan worden war, kam erst später, als seine eigenen gesunden Kräfte sich wieder regten in der täglichen Zuwendung zu seinem verletzten, geplagten Kind. Er sprach zärtlich mit ihm, gab ihm Kosenamen und war um den kleinen Jungen von damals sehr besorgt. Nicht das Infantile, klein und unentwickelt Gebliebene in ihm, sondern das lebendig Kindhafte bescherten ihm Heilungsprozesse, die er mit all seinem rationalen Engagement und Energieverschleiß nicht schaffen konnte. Bei kreativen Prozessen ist immer auch ein unbewußter kindhafter, nicht festgelegter Anteil dabei. Dieses Kindhafte und Schöpferische hilft uns, mit dem unentwickelt Kindlichen in uns in Kontakt zu treten und findet die Form, wie es angesprochen sein will. Herr S. nahm immer mehr Abstand von seinen verkrampften Vorstellungen vom Erwachsenen-Dasein. Das lebendig Kindhafte signalisierte ihm, wenn er müde war und der Ruhe bedurfte, auch wenn er heftig war oder allzu perfekt sein wollte. Er erhielt immer mehr regulierende Kräfte proportional zu seiner Gesundung. Bewegt berichtete er eines Tages: »Mein Kind ist nun nicht mehr allein und verlassen. Ich kümmere mich um es.« In dieser Zeit verwandelte sich nicht nur die Beziehung zu seinen leiblichen Kindern und seiner Partnerin. Auch in seiner beruflichen Arbeit fielen ihm Dinge zu, fand er Lösungen, erlebte Einfälle, wie er es noch nie gekannt hatte. Er bedurfte nicht mehr eines Panzers der Gefühllosigkeit, um sich zu schützen.

Viele weigern sich, die äußere Wirklichkeit anzunehmen. Dies ist eng verbunden mit der Ablehnung der eigenen inneren Realität. Mit der Annahme und Integration verdrängter und abgelehnter Persönlichkeitsteile treten nicht nur Veränderungen des ganzen Menschen in Erscheinung.

Darüber hinaus entwickeln sich Fähigkeiten, zeigen sich Begabungen und Erweiterungen des Horizontes. »Früher meinte ich, überall dabei sein zu müssen, glaubte immer etwas zu versäumen, wenn ich nicht dies oder das tat. Jetzt zentriere ich mich. Seit ich mit meinem Kind umgehe, lerne ich Wesentliches vom Unwesentlichen zu unterscheiden. Ich weiß nun auch, welche Beziehungen und welche Menschen für mich richtig sind. Ich muß nicht mehr alles haben, seit ich das habe, was mich wirklich angeht. Vieles läuft mir nun leicht von der Hand, und Erfolge fallen mir einfach zu.« Dies sind die Äußerungen von Herrn S. am Ende seiner therapeutischen Arbeit.

Bei manchen Analysanden war der Weg zum eigenen Innern über die Sprache und das Sprechen zunächst zu schwierig. Sie malten und drückten auf großen Bögen mit groben Wachskreiden schlicht wie in Kindermalereien das aus, was in Worte noch nicht zu fassen war: Eine riesige Erdmuttergestalt erdrückt ein Kind, das in einem Ei liegt. Alles ist dunkel und bedrückend. An einem Baum sind die Zweige so sehr gestutzt, daß er verkrüppelt wirkt. In einem Schiff sind viele Tote, die aufs Meer hinausgefahren werden, um dort bestattet zu werden. Das Meer ist ein häufig auftauchendes Symbol für das Unbewußte. Wie all unsere Gestalten und das, was wir zum Ausdruck bringen, mit unserem Zentrum verbunden sind, zeigen die Träume, die parallel zu den Bemühungen um bewußte Auseinandersetzung mit mir selbst sich melden.

Das Symbol des Kindes hat einen doppelten Aspekt. Es kann ein infantiler Schatten sein, das in der Entwicklung stehen Gebliebene und trotz aller Verdrängung doch Wirksame. Infantilität in Teilbereichen und Abhängigkeit stehen damit in Zusammenhang. Die Nachreifung und Integration kann über die Zuwendung und die emotionale Aufarbeitung dessen führen, was zur Entwicklungsbehinderung wurde. Regressive Verhaltensweisen sind damit verbunden. Ein Zurückgehen und Eintauchen in das Gewesene und Erlittene führen zur Auflösung von Barrieren. Schließlich wird dann die Verantwortung für sich selbst übernommen.

Das archetypische Symbol des Kindes im positiven Aspekt bedeutet die Potenz zur Erneuerung. Verbunden damit ist Spontaneität, Wandlungs- und Entwicklungsfähigkeit, die zur Erneuerung der Existenz führen. Dies wirkt sich immer intrapsychisch *und* in der Außenwelt aus. Das Leben bekommt dann eine neue Ausrichtung. Man könnte von einer schöpferischen Zukunft sprechen, die gewährleistet wird durch die im Kindhaften dargestellten Kräfte der lebensvollen Entwicklungschancen. Während der negative Aspekt einen regressiven Charakter hat und Entwicklung verweigert, geht es bei dem positiven Aspekt um lebensfördernde Potenzen.

Eine Bewußtwerdung des infantilen Schattens genügt nicht zur Gesundung. Dies ist lediglich der erste Schritt. Intellektuelle Auseinandersetzung als analytischer Prozeß rührt nicht an die Tiefe und erreicht nicht die unbewußten Schichten. Sie verlangen eine nicht-rationale Begegnung und Hingabe. »Ich spreche mit meinem Kind in mir, wie ich mit einem kranken Kind sprechen würde, liebevoll und fürsorglich, verstehend und vom Herzen her zugewandt. Früher habe ich es attackiert und Forderungen gestellt, so wie es meine Eltern auch getan haben. Mein Vater-Ich hatte dieselbe Umgangsform wie die meines leiblichen Vaters. Mein eigenes Ich hatte dann nichts zu sagen. Meine infantilen Anteile wurden aufs neue verschüchtert und bockig. Ich spüre jetzt den kindlichen passiven Widerstand, den ich geleistet habe.« Eine andere Analysandin trieb ihre Verweigerung, sich dem eigenen Leben zu stellen, noch weiter. »Die Welt in meinem Elternhaus gefiel mir schon von kleinauf nicht. Im Grunde sah ich nicht viel Sinn, auf der Welt zu sein. Ich wurde ein solcher Verweigerer, daß ich alles ins Negative drehen konnte. Das war eine Art von Selbstzerstörung.« Die Patientin hatte eine Zeit, in der sie immer wieder sich ihren Tränen überlassen mußte. Es ist falsch, solche starken, exzessiven Gefühle zu unterdrücken. Die Mitteilung an den andern Menschen ist für uns alle hilfreich. Weinen und Tränen sind darum etwas Kostbares. Wer diese Signale übergeht, führt die Implosion herbei. Sie kann sich nicht allein psychisch auswirken. Neueste amerikanische Forschungen berichten davon, daß z.B. beim Krebsgeschehen erhöhte Auto-Aggressionen bis in die Zelle hinein zu beobachten sind. Lernen wir darum zuzulassen und zu äußeren, wo wir betroffen, im Innersten berührt sind. Es ist immer etwas wie Größe dabei, wenn wir echt sind und uns überwältigen lassen können von dem, was uns in der Tiefe angeht. Dann bleiben keine Wunden, die nicht heilen können, gibt es immer Zukunft.

Man kann zweifellos nicht nachholen und nachgeliefert bekommen, was uns an selischem Mangelleiden auferlegt war. Wer als erwachsener Mensch in symbiotischer Nähe das später nachholen will, verletzt das Gesetz der Distanz, das dem andern zusteht, aber auch für uns selbst wichtig ist, wenn dies auch aus neurotischer Fehlhaltung heraus noch nicht gesehen werden kann. Verschmelzen, der eigenen Ich-Zuständigkeit enthoben zu sein, geht nur vorübergehend. Alle Nähe und Verbundenheit wird problematisch, wenn sie Kindheitsbedürfnisse nachholen soll. Dabei ist es einerlei, ob es sich um eine freundschaftliche, partnerschaftliche oder um eine Beziehung mit unseren Kindern handelt. Die Trauer läßt nach, wenn man zu sich selbst nach Hause kommt und sein Kind bei der Hand führt. Auch die Wut über all das, was geschehen ist, hat einen sehr positiven Aspekt. Im Gegensatz zu der regressiven Gehemmtheit dem Leben gegenüber drückt sie etwas von dem Lebenswillen und der -kraft aus, die sich meldet, wenn die Regression überwunden werden kann. Es ist die Bereitschaft, für sich selbst einstehen zu wollen. Wut vermag auch Befriedigung zu vermitteln, indem wir uns selbst fühlen, verbunden mit seelischen Energien.

Man kann jedoch auch den Affekt der Wut ins Regressive verwandeln. Frau Z. agierte ihre Wut in infantilen Befriedigungen. Sie wollte sich mächtig erleben, wenn sie mit ihrem Geld sich das Gefühl gab: Das bin ich, ich kann mir das leisten. Seht, wer ich bin. Dies konnte sich im großen Auto, in Kleidern, großzügigen Geschenken, Geldausleihen und in vielfältiger Weise ausdrücken. Wenn sich ihr Lebenswille meldete, wurde sie in solcher Weise aktiv. In unserer Zeit, in der in unserem Land relativ viele Menschen zu Geld und Möglichkeiten gekommen sind, ist solches Verhalten nicht selten. Man spricht darum von den Neureichen in dem Zusammenhang, wenn mit dem Geld allzu kindlich und demonstrativ umgegangen wird.

Nicht nur der Wohlstand ist in unserer Zeit psychisch aufzuarbeiten, um ihn sinnvoll werden zu lassen, auch die Vielfalt der Möglichkeiten im Leben des heutigen Menschen erfordern bewußtes Verhalten zur Lebensgestaltung.

Weitere Bücher von Hildegund Fischle-Carl im Verlag Herder

Anstiftung zu Lebenslust und Lebensfreude
160 Seiten, Herderbücherei Band 1199.
ISBN 3-451-08199-7

Schuldgefühle
Unterscheiden und aufarbeiten lernen
128 Seiten, Herderbücherei Band 1656.
ISBN 3-451-08656-5

Vom Glück der Zärtlichkeit
Alle Liebe sucht Nähe
2. Auflage, 142 Seiten, Paperback.
ISBN 3-451-21445-8

Vom Reichtum des Herzens
Wieder fühlen lernen
160 Seiten, Herderbücherei Band 1612.
ISBN 3-451-08612-3

Was bin ich wert?
Selbstvertrauen ist lebenswichtig
2. Aufl., 160 S., Herderbücherei Band 1306.
ISBN 3-451-08306-X

Verlag Herder Freiburg · Basel · Wien

Bücher, die Mut machen zum Leben

Erik Blumenthal
An sich selber glauben
Selbstvertrauen aus der Tiefe
120 Seiten, Paperback.
ISBN 3-451-22429-1

Wenn nicht Sie für sich sind, wer eigentlich dann?
Haben Sie Mut zu sich selbst! Der Leitfaden zu mehr
Selbstvertrauen und einem Leben ohne Angst.

Wieland Schmid
Yoga für Christen
Ein Übungsbuch
160 Seiten mit zahlreichen Fotos und Graphiken, Paperback.
ISBN 3-451-22427-5

Erfahren Sie die heilsame Wirkung von Yoga am eigenen Körper! Ein praktisches Übungsbuch, das östliche
und westliche Spiritualität schöpferisch miteinander
verbindet.

Dieter Schwartz
Nicht gleich den Kopf verlieren
Vernünftiger Umgang mit selbstschädigenden Gefühlen
160 Seiten, Paperback.
ISBN 3-451-22431-3

Machen Sie sich selbst nicht fertig! Ein systematisches
Lehrbuch und ein sympathisches Lebensbuch, das zeigt,
wie man Hindernisse auf dem Weg zu persönlicher Zufriedenheit beseitigt.

Verlag Herder Freiburg · Basel · Wien